Elsk dig selv
Elsk dit liv…

Elsk dig selv
Elsk dit liv…

En guide til at overvinde livets udfordringer!

Merethe M Shenon

Forlag: BoD – Books on Demand, København, Danmark
Tryk: BoD – Books on Demand, Norderstedt, Tyskland

ISBN: 978-87-4302-811-6

"Livet kan kun findes i nuet. Fortiden er væk, fremtiden er her endnu ikke, og hvis vi ikke går tilbage til os selv i nuet, kan vi ikke være i kontakt med livet."

– THICA NHAT HANH

INDHOLD

ANDERKENDELSE

En stor tak til Hanne Nørby for din opmuntring og støtte til at få skrevet bogen samt sparring og feedback til indholdet.

Tak til Asta N. Jørgensen og Ruth S. Simonsen for jeres støtte og omsorg på hver jeres måde gennem den svære tid samt støtte til bog projektet.

En særlig tak til Anita Bohrnerud for altid at være der for mig gennem den svære tid og ligeledes støtte med bogprojektet. Du er min kære "søster."

Kærlige tanker og tak til mine to børn Christian og Isabella for jeres støtte med at skrive bogen. En speciel tak til Christian for udfærdigelsen af bog og bogomslaget.

Jeg sender taknemmelige tanker til Lisa Hugh, som samlede mig op, da jeg var længst nede.

INTRODUKTION

"Vil du overvinde livets udfordringer, må du ændre den måde, du ser på udfordringen."

— Merethe M. Shenon

MIN HISTORIE

I foråret 1998 befandt jeg mig i en tilstand af dyb fortvivlelse, frustration og magtesløshed. Jeg havde det sidste halve år gennemgået et ubeskriveligt mareridt, hørt på historier, løgne og falsk vidnesbyrd om mig, i forbindelse med min skilsmisse. Det foregik i Californien, hvor jeg boede på det tidspunkt. Jeg blev ret chokeret over, hvordan det amerikanske retssystem fungerede i den by, nord for Los Angels, hvor skilsmissen foregik.

Forinden havde jeg forladt et tiårigt psykisk voldeligt ægteskab, og havde taget vores to børn med til Danmark, hvor jeg troede, at jeg kunne få råd og vejledning, da vi alle fire er danske statsborgere. Min danske advokat sendte mig tilbage til Californien og mareridtet begyndte, da den psykiske vold fortsatte i retssystemet.

Min veninde havde åbnet hendes hjem i det sydlige Los Angeles for mig, hvor jeg boede mens de værste retsmøder stod på. Børnene skulle bo hos deres far i en lille by oppe i bjergene nord for Los Angeles.

Efter nogle måneder flyttede jeg ind i en lille lejlighed i det nordlige Los Angeles, så der ikke var så langt at køre, når jeg måtte se børnene et par timer i løbet af ugen og hver anden weekend hos mig. Jeg havde svært ved at forstå og rumme

1

alle beskyldningerne mod mig. Ofte sad jeg der i retslokalet ene kvinde omringet af magtfulde mænd, advokater, dommere og de falske vidner mod mig. Min krop og sindet var i dyb smerte. Til tider græd jeg så meget, at jeg kastede op og jeg ønskede kun et, at jeg kunne sove mig væk fra det mareridt jeg befandt mig i.

Den forårsdag var smerterne så ulidelige, at jeg gik i seng og ønskede ikke at vågne op igen. Jeg trak dynen hen over hovedet og faldt hurtigt i en dyb søvn. Ud på eftermiddagen vågnede jeg. Det var begyndt at blive mørkt udenfor og jeg satte mig op i sengen. Uden at tænke videre over, hvad jeg gjorde, rakte jeg ud efter min notesbog, som lå på bordet ved siden af sengen. Jeg slog op på en tilfældig side, og skrev øverst på siden datoen: D. 16-3-98 efterfulgt af en lang række navne. Nederst skrev jeg følgende: Jeg, Merethe Shenon tilgiver jer.

Jeg kiggede på navnene, alt fra familiemedlemmer til min eksmand, advokater, dommer og tidligere venner og kærester. Først forstod jeg ikke hvorfor nogle af navnene var på listen, men det forstod jeg senere, hvorefter, jeg også har tilføjet flere navne.

Denne ubevidste lille handling bevirkede, at jeg efter kun få dage begyndte, at få det bedre og blev mere rolig i mit indre. Kun to uger efter, havde jeg den sidste samtale hos psykolog Lisa Hughes, som havde tilbudt mig gratis samtaler i en kort periode. Da jeg gik derfra, havde jeg en følelse af lettelse, en indre ro. Jeg fik ligeledes styrke til at kunne "face" børnenes far, når det var nødvendigt samt de mange efterfølgende år med retsmøder omkring børnene.

Lige siden har jeg været opmærksom på, hvad min indre stemme fortalte mig og ageret derpå. Alt fra en vigtig telefonopkald, til ny læring som er kommet til mig, når jeg havde mest brug for styrke og håb til at overvinde livets udfordringer.

HVORDAN BOGEN BLEV TIL

Siden jeg var teenager, har jeg haft et ønske om at skrive en bog. Mit problem var bare, at jeg ikke vidste hvad bogen kunne handle om. Jeg har dog skrevet et utal af notater i mine notesbøger. Alt fra tanker, oplevelser, noget som jeg havde læst eller hørt og tænkt på, at det en dag kunne blive nyttigt. Min faglige baggrund er, at jeg har studeret psykologi og mindfulness i Californien på California State University. I Danmark er jeg uddannet socialrådgiver, psykoterapeut og mindfulness coach.

Sommeren 2015 blev jeg inviteret med til et tre dages workshop i Los Angeles om personlig udvikling. Jeg havde kendskab til meget af det vi lærte, men jeg fik et nyt perspektiv på hele sammenhængen. Lørdag formiddag, mens jeg sad og udførte en af øvelserne, fik jeg en stærk oplevelse som gennemstrømmede min krop. Fra den dag vidste jeg, hvad jeg fremover måtte arbejde med.

På det tidspunkt i sommeren 2015 arbejdede jeg som familiekonsulent, og var leder for gruppeforløb for unge og kvinder, som havde børn i familiebehandling.

Året efter blev jeg ansat som mentor i samarbejde med kommunen. Mange af mine kursister, som de blev kaldt, havde smerter efter arbejdsskade, ulykke eller andet. Jeg fik et "okay" fra deres sagsbehandlere og min chef om at starte et gruppeforløb baseret på mindfulness, positiv psykologi, empowerment og EFT-tapping. I forløbet, som jeg kaldte "Smerte-Stress," tilføjedes metoder, som jeg selv havde benyttet, da jeg skulle overvinde livets udfordringer. Forløbet sluttede efter tre måneder og allerede en måned efter måtte jeg sige farvel til et job, som jeg ellers holdt meget af, grundet nedskæring. Nogle af "Smerte-Stress" kursisterne ønskede at fortsætte deres personlige udvikling og jeg besluttede at starte et nyt forløb. En kollega, som havde set hvordan kursisterne var ankommet til "Smerte-Stress" i smerter men forlod mødet afslappet og i højt humør, ønskede også at deltage på et nyt hold.

Jeg havde ingen lokaler, men sommeren stod for døren, så vi mødtes i en park, hvor vi sad og mediterede ved søen og gennemgik de hjemmeøvelser, som kursisterne havde fået tilsendt. Fra starten vidste jeg ikke rigtig hvad kurset, "Wellness for Krop og Sind," skulle indeholde, men jeg lod det komme til mig fra uge til uge eller møde efter møde. Vi mødtes helt indtil efteråret. Da det blev for koldt til at være ude i det fri, mødtes vi på skift hjemme hos hinanden. Vi havde afslutning den første uge i december og fra januar havde jeg fået lov at låne et lokale i en forening og flere kursister kom med på det nye hold, som nu blev til: "LEV-VEL, Wellness for Krop og Sind."

Jeg bemærkede den personlige udvikling af kursisterne. Især hos en kursist, som startede på "Smerte-Stress" holdet, var der store forandringer. Hun udstrålede ro, styrke og selvtillid, havde fået kontrol over de daglige udfordringer med smerter og var blevet stærk til at håndtere familieproblemer.

Tanken kom til mig at når de øvelser, som jeg havde lært mine kursister, og som jeg selv havde benyttet gennem årene, og stadig benytter, kunne hjælpe til at overvinde livets udfordringer, så er det tid til at dele det med flere. Nu havde jeg jo stof til at skrive den bog, som jeg i mange år havde haft i tankerne. Jeg fandt mine notesbøger frem og fik struktur på indholdet, som nu er blevet til denne bog.

SÅDAN BRUGER DU BOGEN

Du kan selvfølgelig læse bogen fra start til ende, MEN jeg vil varmt anbefale, at du læser bogen i små bidder og lidt efter lidt udfører øvelserne hver dag, som beskrevet. Støder du på noget, som er lidt for meget "hokus pokus" for at bruge det udtryk, som en af mine kursister brugte, så spring det over og læs videre. Du kan altid gå tilbage, når du er klar til det. L.O.V.E. principperne er grundstenene til personlig succes med at overvinde livets udfordringer, har jeg personligt erfaret. Derfor vil jeg anbefale at du gennemgår alle øvelser under L.O.V.E. principperne først og bliver ved med at praktisere øvelserne i hverdagen.

Lad din forandringsproces og personlig udvikling blive sjov, smil til dig selv, grin af dig selv, observer dine tanker og følelser. Del dine oplevelser med personer, som viser ægte omsorg for dig.

Jeg ønsker dig god fornøjelse med bogen, elsk dig selv og lev vel!

L.O.V.E.

Merethe Shenon

TID TIL FORANDRING
——— DEL I ———

"The journey of a thousand miles begins with one step."

— Tao Tzu

FØR START – WEEKEND PROJEKT

De næste tre dage over weekenden, vil jeg bede dig om at gøre følgende inden du starter på bogen. Tag eventuelt familie, børn, ægtefælde eller en ven/veninde med på projektet:

- Anskaf dig en notesbog og en post-it-blok.

- Ryd ud omkring dig; dine skabe, garderobeskabe, køkkenskabe, køleskab, skur, din bil osv. Smid det ud eller giv det videre til andre, alt det som du ikke mere har brug for, ikke vil beholde eller som du ved ikke er godt for dig.

- Besvar de følgende to spørgsmål og skriv svaret her eller i din notesbog:

1. Hvilken "urealistisk drøm" vil jeg opnå i det kommende år? Tænk på dit inderste ønske.

———————————————————————————

2. Hvad vil mit motto eller sætning være, for at opmuntre mig på min vej til forandring?

———————————————————————————

3. Skriv i din notesbog, at du forpligter dig til at udføre mindst en øvelse hver dag; skriftligt, fysisk eller mentalt – din tid til forandring – uanset hvad der sker eller dukker op under vejs. Underskriv med dit navn og dato.

Forslag til hvordan du skriver punkt 3 i din notesbog:

Jeg Navn _____ forpligter mig til at udføre mindst en øvelse – tid til mig selv – uanset hvad der sker eller dukker op under vejs i min forandrings proces.

Du må give slip på noget gammelt, så der kan komme noget nyt ind i dit liv!

Når du giver slip, giver du plads til noget uendeligt bedre til at komme ind i dit liv.

Så hvorfor er det, at vi gør den fejl at holde på noget?

Der er kun en grund: Frygt!

Du holder på noget af frygt for at der ikke vil være noget til at udfylde, hvad du har nu. Men, der vil være noget og dette noget er mirakler.

For at lade mirakler komme ind i dit liv, må du give plads ved at give slip på, hvad der ikke længere tjener dig. Du er nødt til at rydde ud!

Følgende mantra kan du skrive ned og sætte op et sted, hvor du ser den hver dag. Sig mantraet gentagende gange højt eller i dit stille sind, hver gang du mister motivationen.

"Et taknemmeligt hjerte er en magnet for mirakler!"

6

FORANDRING
1

" If you change the way you look at things, he things you look at change."

– Wayne W. Dyer

DEN KONSTANTE FORANDRIG

Forandring gennem livet er ikke kun fysisk: Hår, hud, krop osv. Også bevidstheden og sindet ændrer sig hele tiden. Vores liv er i konstant forandring og et godt liv er karakteriseret ved positiv vækst og udvikling.

Når vi slider os selv fysisk og har negative tanker om os selv eller andre bliver vi syge, stressede og udbrændte. Her er tale om forandring i en negativ form.

Den positive forandring er den, som gør os glade, raske og sunde. Det er den, der sætter os i bedre kontakt med os selv og vores værdier.

Skriv dit svar i din notesbog, vær ærlig overfor dig selv.

Wellness – som så meget andet i livet kræver en udfordring.

På dansk forbinder man ofte ordet Wellness med velvære. Wellness er egentligt et koncept til at fremme sundheden både fysisk og psykisk. For at opnå livslangt Wellness, må man fra tid til anden gennem livet gennemgå en forandring, som kan være udfordrende. Du har måske behov for ændring på det fysiske plan; kost, motion eller fysiske smerter efter operation eller anden fysisk skade. Måske er det på det psykiske plan du har behov for ændring, hvis du har været udsat for traume, stress eller psykisk/mental smerte, der kan gå helt tilbage til barndommen. Eller, måske er det dit liv, som det er lige nu du gerne vil ændre.

- En udfordring er ofte smertefuld og frygtsom
- Der er ingen udfordring uden ændring
- Der er ingen ændring uden angst eller tab
- Og, der er ingen tab uden smerte
- Men… udfordringen fører til Wellness
- Livslang sundhed og velvære!

H.O.P.E.

H – Håb

O – Opmærksomhed

P – Personlig forandring

E – Empowered

En forandrings proces starter som regel med et Håb om at kunne ændre sin nuværende livssituation. Måske er der sket noget, hvor man begynder at tænke på at gøre noget anderledes med livet. Det kan være ens sundhed og velvære, familie og venner, job og fritid, finde mening med livet eller noget helt andet.

Første skridt er så at blive Opmærksom på ens tanker og hvem man omgås. De fem tætteste mennesker, som du er sammen med, er den som du bliver. Læg mærke til dine tanker, følelser og hvad du gør. Tænk på hvad du ønsker, hvad vil du gerne opnå, hvad vil du gerne have i fremtiden, hvem vil du gerne være sammen med.

Næste skridt er den Personlige forandring. Processen kan tage flere år, det handler om at tage små skridt ad gangen og holde ud. Lær nye ting, lyt til dit hjerte, giv dig selv prioriteter, tid til stilhed og hvad du måtte have behov for.

Når du er godt igennem forandringsprocessen, vil du føle dig Empowered og klar til, hvad det nu er, som er din livsmission.

Det første skridt til virkelig forandring er at blive opmærksom på, hvad der foregår i ens liv. Derfor…

- Evaluere hvad der sker i dit liv!
- Evaluere dine tanker – dine tanker skaber dit liv!
- Fokusere du på vækst, at udvikle dig selv?
- … eller fokusere du på fortiden eller fremtiden?
- Evaluere dine vaner; hvad gør du; hvad siger du?
- Åbn op til OPMÆRKSOMHED!

Du kan stille dig selv følgende spørgsmål og skrive besvarelsen i din notesbog:

- Hvordan er mit forhold til; ægtefælde, kæreste, børn, familie, venner, kollegaer, naboer?

- Hvem er omkring mig?

- Hvem har ægte omsorg for mig og mine ønsker?

- Hvad er virkelig vigtigt i mine nære forhold i mit liv lige nu?

- Hvad er vigtigt lige nu; i mit arbejde, uddannelse, livsstil, sundhed, følelsesmæssigt?

Andet skridt er at tage beslutning til forandring.

Tredje skridt er at gå i gang med processen.

Morgenøvelse:

Om morgenen lige efter at du vågner, inden du stiger ud af sengen, så fokuser på dit åndedræt i nogle få minutter, ind- og udåndingen øjeblik efter øjeblik, rid på bølgen af åndedrættet. Sig godmorgen til dig selv og udvis taknemmelighed over den nye dag, uanset hvad den måtte bringe. Sig eventuelt til dig selv: "Jeg vælger, at denne dag bliver en god dag."

Vaner

En forandringsproces handler om at ændre vaner. Det tager tre uger at vænne sig til nye vaner, men tre måneder at give slip på de gamle uhensigtsmæssige vaner. Tag små skridt hver dag, og du er godt på vej til at leve vel.

Indfør en ny vane for kroppen

Start dagen med at drikke et glas varm vand med presset citronsaft inden din morgenkaffe eller te, og morgenmaden. Hvis du har en juicepresser kan du juice en ingefærshot af et æble og lille stykke ingefær. Hæld juicen i et glas og pres citronsaft ned i glasset og hæld derefter kogt vand over. Nyd en dejlig forfriskende morgendrik, som hjælper med at skylle fordøjelsessystemet igennem og hydrerer kroppen.

Øvelse: Bedst mulige selv

- Hvad er din bedst mulige selv om et år fra i dag?

- Skriv alt hvad du ønsker om dig selv, hvordan du er om et år fra nu...

- Nedskriv det i din notesbog.

Mindfulness: Grundprincipper

I mindfulness er der 7 grundprincipper, som du vil stifte bekendtskab med gennem bogen. Den første er: Ikke-stræbende...

Ikke-stræbende

Mindfulness skal øves hver dag, det skal øvelserne i en forandringsproces også. Det skal trænes ligesom en atlet, der øver sig hver dag. – Du behøver ikke at kunne lide det – DU SKAL BARE GØRE DET – "Just do it." Stræb ikke, men med små skridt hver dag vil du se forandringer i dit liv.

Forandring er ikke bare noget, der sker af sig selv. Det kræver disciplin at sætte tid af til sig selv.

Den regelmæssige meditation og tid til sig selv kan give dig den styrke og selvindsigt, der skal til, for at du kan vende tilbage til dine gøremål og – udføre dem ud fra din væren. Så vil en vis mængde tålmodighed, ro, klarhed og sindsligevægt gennemsyre det, du gør. Og, travlheden og presset vil blive mindre påtrængende. Det kan også forsvinde helt.

Meditation er egentlig det samme, som at gøre ingenting. – Det meste af tiden er vi så opslugte af at gøre, STRÆBE, planlægge, reagere og have travlt, at når vi standser op for at mærke, hvor vi er, kan det virke en smule underligt til at begynde med.

Tid til træning

- Inden du står op, så rid på bølgen af dit åndedræt

- Start dagen med et glas varm citronvand

- Udfør de skriftlige øvelser i din notesbog

- Giv dig selv lov til at have det sjovt, mens du udfører øvelserne

- Giv tid til dig selv hver dag – din tid til forandring

Forandring

At rykke noget ud af dets vanlige kurs tager energi, anstrengelse og smerte. Det skubber med stor voldsomhed til det eksisterende mønster. Mange mennesker ønsker forandring, men er uvillige til at gennemgå den gennemgribende smerte, som nødvendigvis må gå forud.

Vandløb i meget kolde klimaer tilfryser om vinteren. Om foråret, når tøvejret sætter ind, er lyden af isen der revner utrolig voldsom. Jo større omfang og streng frost, jo mere bulderende er optøningen. Dog, ved slutningen af den knagende og bragende periode, åbner vandløbet sig, liv-givende, liv-bærende. Ingen siger: "Lad os ikke lide tøbruddet, lad os bevare frosten. Alt er stille nu."

Mary E. Mebane

– Oversat til dansk, Merethe M. Shenon

MIN HISTORIE

Ligesom jeg, har du måske også hørt dine voksne omkring dig sige: "Store piger græder ikke," "drenge græder ikke." Når jeg, som barn var ked af det, fik jeg altid at vide, at jeg skulle stoppe med de krokodilletårer, og så sang min mor altid "sure Merethe, sure Merethe" indtil jeg blev til "søde Merethe" og stoppede med at græde. Gang på gang fik jeg at vide, at jeg ikke måtte græde, hvilket bevirkede at smerten blev holdt inde og jeg fik svært ved at vise følelser.

Senere, under min anden graviditet, var jeg tit nedtrygt uden at have en forklaring på hvorfor, så jeg havde behov for at græde. Men min nu eksmand havde ikke overskud eller evner til at trøste mig, så hans svar til mig var altid: "Hvis du ikke holder op med det flæberi, så skal jeg give dig noget at flæbe over." Min krop har holdt på megen indeklemt smerte i mange år, indtil jeg stod midt i en meget smertefuld skilsmisse, så gav jeg mine tårer frit løb. Til tider græd og hulkede jeg så længe, at kroppen rystede så meget af smerte, at jeg kastede op. Mine øjne var blodrøde, så jeg blev helt forskrækket, når jeg så mig selv i spejlet. Jeg havde i 10 år været udsat for psykisk vold i mit ægteskab, og det var et chok for mig at erfare, at det fortsatte i retssystemet. To år efter selve skilsmissen, blev jeg beskyldt for at have bortført mine børn under et ophold i Danmark. Vi boede i Californien, så derfor sendte Danmark børnene tilbage til deres far, som også er dansker. Jeg så ikke børnene i 10 måneder og kontakten var minimal. Da jeg endelig kunne komme tilbage, efter at arrestordren var blevet frafaldet fik jeg ophold på et "shelter" (krisecenter), da retssagen blev langvarig.

Juledag, hvor mine børn var på besøg hos mig, sad vi på gulvet i det lille værelse, som jeg havde til rådighed med to køjesenge, en stol og et lille bord. Børnene legede med deres julegaver, som var blevet doneret til dem. Min søn på otte år fortalte, at han mange gange var ked af det. Men, hans far havde sagt, at "drenge græder ikke."

Jeg havde lånt nogle bøger fra en ansat på "shelteret" og havde læst historien om, at Gud har givet os mennesker tårer, således hver gang, vi er triste, har smerter, bekymringer eller andet uoverskueligt i vores liv, så kan vi give os selv lov til at græde for at lindre smerten. Jeg fortalte historien til min søn, og han satte sig op mod væggen, slog hovedet tilbage mod væggen og tårerne løb ned ad hans kinder. Snart begyndte han at hulke og jeg holdt ham ind til mig. Min datter kravlede over til os og vi sad sådan i lang tid indtil min søn var faldet til ro. Siden

13

har min søn fortalt, at når han var ked af det, græd han efter, at han var kommet i seng, så ingen hørte eller så ham græde.

Hvis jeg i dag kan mærke uro i kroppen eller føler mig stresset, så giver jeg mig selv lov til at græde, for jeg ved, at jeg efterfølgende vil få det meget bedre.

Denne lille historie for at gøre opmærksom på, hvor vigtigt det er for vores psyke og helbred i det hele taget, at vi giver os selv lov til at græde, når vi bliver udsat for stress eller anden form for smerte.

Har du svært ved at få tårerne frem, så se en film, som frembringer dine tårer.

L.O.V.E. PRINCIPPER

2

"Never worry about anything. Live in the present. Live now. Be Happy."

– Marsilio Ficino

L. – LEV I NUET – MEDITER

L.O.V.E.

Når du kultiverer og praktiserer de følgende fire L.O.V.E. principper hver dag, vil du dag for dag bemærke noget nyt, en stille forandring med dig selv og i dine omgivelser.

L – Lev i nuet – Mediter

O – Observer dine tanker

V – Vær taknemmelig

E – Elsk dig selv

Meditation

At meditere er mange ting, og der er mange typer af meditation, men det begynder med at fokusere på vejrtrækningen. Vejrtrækningen er forbindelsen mellem krop og sind, vejen til afslapning og til at genvinde kroppens balance. Alle kroppens systemer arbejder sammen i perfekt harmoni – "At være centreret."

Bare 10 minutters meditation om dagen kan styrke immunforsvaret, forbedre søvnen, nedsætte blodtrykket, bidrage til at forebygge hjerte-rytmeforstyrrelser, nedsætte kroppens indhold af stresshormonet kortisol, virke angstdæmpende og befordre glæde og fred.

Ved at meditere 10-20 minutter fire til fem gange ugentlig er nok til at skabe og bevare de psykologiske og fysiologiske fordele, har forskningen vist.

Det er bedst at meditere på samme tid og sted hver dag. Det vigtigste er at finde et tidspunkt, der fungerer for dig… og at blive ved med det.

Når der dukker en tanke op under meditationen, er tricket at bemærke tankerne så hurtigt som muligt, og derefter, ganske nænsomt, slippe dem og med venlig opmærksomhed vende tilbage til dit fokus. Bemærk også dine følelser, hvad sker der i din krop.

Efter tids træning vil du opdage et lag i psyken, der ligger dybere end tankerne. Gennem meditation lærer du at nå ned til det fredfyldte lag.

At strikke er meditation – strikkepindenes og garnets regelmæssige bevægelser dæmper psyken og lader vores naturlige fredfyldte indre kerne skinne igennem. Du kan eventuelt lytte til stille afslappende musik, men sluk for tv og anden støj.

Øvelse: Træk vejret med omtanke

Væn dig til at tjekke din vejrtrækning ofte, især når du føler dig forjaget eller overvældet. Udstød et suk. Betragt dette som vejen til: "Det centrum, hvor du er dig selv og ved dine fulde fem."

Åndedrætsøvelse:

Læn dig lidt tilbage (eller læg dig ned), og læg hænderne fladt på maven; nemmere at mærke, hvad der foregår. Tag en dyb indånding, og ånd ud igen med et hørligt lettelsens suk. Ånd så meget luft ud, som du kan. Træk vejret yderligere ti gange med maven. Tæl åndedragene eller gentag ordene: slap af, når du ånder ind og ud. Bemærk, hvordan du har det.

Effekt af meditation

Større ydeevne: Den mentale kapacitet vokser. Evnen til at koncentrere sig og til at blive bedre til at huske. Hvilket betyder, at vi kan yde mere på det intellektuelle plan.

Glæde: Hjernen producerer flere af de hormoner, der skaber velvære og lykke. Vi opnår bedre kontakt med os selv og med andre mennesker og føler større tilfredshed med tilværelsen.

Indre ro: Niveauet af stress i både krop og sind daler. I stedet opstår større ro og mere kontakt med nuet. Aktiviteten i hjernens centre for angst og vrede forsvinder.

Kort meditation

Sæt dig godt til rette, mærk åndedrættet. Tag tre eller flere dybe indåndinger og lad kroppen slapper mere og mere af, ved hver udånding. Luk øjnene og læg mærke til hvordan din krop har det, og bliv opmærksom på enhver stress eller spænding i kroppen. Forestil dig, at du for hvert åndedræt sender energi til det område, hvor du mærker spændinger, og inviter spændingsområdet til blødgørelse og helbredelse. Sid i stilhed og følg dit åndedræt i 5 – 10 minutter.

Meditation virker her og nu ved at:

- Afspænde musklerne
- Dæmpe angst og stress i kroppen
- Øge koncentrationsevnen
- Sænke stofskiftet
- Sænke åndedrætsrytmen
- Dæmpe smerte og blodtrykket
- Aktivere fordøjelsen
- Styrke immunforsvaret
- Forebygge livsstilsygdomme
- Modvirke depression
- Bevare en indre ro i stressfulde situationer
- Bedre søvn
- Større kreativitet
- Forbedre hjerte sundhed
- Nedsætter aldringsprocessen

Tegn på meditativ tilstand:

- Du føler dig mindre forstyrret af tanker og følelser
- Din krop og dine muskler slapper af
- Din krop føles mere hel og integreret
- Dit åndedræt ændrer sig og kan; føles befriet og naturligt, mere overfladisk og stoppe helt for en stund

- Mindre tendens til stress

- Bedre koncentrationsevne

- Større tilfredshed og ro

- Større evne til at føle med andre (empati)

Ved at forpligte dig selv til daglig meditation, vil du erfare at meditation er en fantastisk måde at finde balance og harmoni i krop og sind. Dine meditative sessioner behøver ikke at vare længe for at være succesfuld, men du må være villig til at give slip på dine daglige bekymringer og fokusere på afslapning. Jo oftere du træner meditation, jo lettere vil du nærme dig fuldstændig indre fred.

Øvelse: Mens du venter i køen (i supermarkedet eller i trafikken)

- Zoom ind på din bevidsthed og find ud af, hvor den er lige nu.

- Guide den (bevidstheden) hen på kroppen.

- Er der spændinger? I brystet, nakke, hoved eller mave?

- Slap af og lad spændingerne løsne sig op uden at tilføje nye.

- Fokuser på åndedrættet og træk vejret dybt og langsomt nogle gange, indtil du mærker din krop slappe af.

- Inden længe er din indre tilstand forandret, så du oplever mere ro.

Kort bodyscan

Læg dig på ryggen i sengen inden du lægger dig til at sove. Start med at fokusere på tæerne, skift fokus til fodsålerne, fødderne, anklerne, underbenene, knæene, overbenene til ballerne og hofterne. Fokuser nu på lænden og hele vejen op ad rygsøjlen til nakken. Tjek din vejrtrækning og vend dit fokus til underlivet, maven, fordøjelsessystemet, hjertet og brystkassen til skulderne. Fokuser derefter på overarmene, albuerne, underarmene, hænderne og fingrene. Flyt din fokus tilbage til skulderne, halsen, baghovedet, ansigtet, øerne, øjnene, panden, og toppe af hovedet. Tag nogle dybe indåndinger og lad din krop slappe mere og mere af efter hvert åndedræt. Din bodyscanning behøver kun at tage nogle få minutter inden du lægger dig til at sove og give slip på dagen. – God nat ...

Tid til træning:

- Inden du står op, så rid på bølgen af dit åndedræt

- Start dagen med en kop varm citron vand

- I løbet af dagen praktiser 5-10 minutters meditation, find den øvelse der er bedst for dig

- Udfør de skriftlige øvelser og nedskriv dem i din notesbog

- Prøv en kort bodyscanning

*"You are not your thought,
you are the awareness of your thoughts."*

– Unknown

O. – OBSERVER DINE TANKER

L.O.V.E.

Hvor er din opmærksomhed i løbet af dagen, hvad foregår der i din "chatter-boks," hvilke tanker har du, er du i fortiden eller fremtiden? Ved at observere dine tanker, kan du blive sat fri fra gamle historier og oplevelser, der holder dig fanget i fortidens skygge. Problemet er at vi ikke mærker den magt vi har inde i os, fordi vi bliver "cut-up" i vores bekymringer, angst, usikkerhed, stress og andet… En følelse af konstant frygt, angst eller stress kan give kropslige uforklarlige smerter. Måske oplever du fra tid til anden ondt i nakken, hovedpine, smerte i led, brystet eller andet. Jo mere du observerer dine tanker og ændre negative tanker til positive tanker, vil du opdage at dine kropslige smerter eller sensationer i kroppen langsomt vil forsvinde.

L – Lev i nuet – Mediter

O – Observer dine tanker

V – Vær taknemmelig

E – Elsk dig selv

Ønsker du at ændre din livssituation, så er det første skridt opmærksomhed. Hvad foregår omkring dig, hvem er du sammen med, hvad tænker du om dig selv og andre, hvad fortæller dine tanker dig?

Måske skal du i stilhed prøve at finde svaret på følgende opmærksomheds øvelse, og stille dig selv spørgsmålet flere gange inden svaret kommer til dig. Gentagelser fremmer forståelsen og processen.

21

Lær at være opmærksom på, hvad du skal være opmærksom på!

- Læg mærke til tanken du tænker

- Vær opmærksom på hvad du ønsker (ikke hvad du ikke ønsker)

- Universet reagerer på dine tanker og ønsker

Fokuser på dine tanker

Begynd med at fokusere på dine tanker i løbet af dagen. Er det negative tanker der fylder mest, kritiserer eller dømmer du dig selv eller andre? Når disse tanker dukker op, så sig: annuller, rens, slet, stop eller delete – sig det, som er bedst for dig og ændre tanken til en positiv tanke.

Tro det eller ej, vi vælger virkelig vores tanker!

Ofte har vi tåbelige ideer om, hvem vi er og har mange stive regler om, hvordan livet skal leves. Når vi er meget små, til omkring syvårsalderen lærer vi, hvad vi skal tro om os selv og om livet af den måde vores voksne reagere og taler på. Det ligger alt sammen i vores underbevisthed. Når vi bliver voksne, har vi en tendens til at genskabe det følelsesmæssige miljø, vi kender fra vores tidlige barndom. Disse tanke mønstre og vaner er ubevidst blevet vores overbevisninger.

Tanker skaber følelser

En tanke skaber en følelse, og du tager den følelse til dig. Men, har du ikke tanken, så kan du heller ikke have følelsen. Og, tanker kan ændres, hvis du ændre tanken, så må følelsen forsvinde. Så simpelt er det!

Vi hænger os fast i den samme tanke, som vi tænker om og om igen, og det kan være svært at se, at vi selv har valgt tanken. Vi kan nægte at tænke bestemte tanker – positive som negative tanker.

VREDE, KRITIK, SKYLDFØLELSE OG ANGST SKABER FLERE PROBLEMER END NOGET ANDET.

Disse fire følelser skaber de største problemer i vores krop og i vores liv. Disse følelser kommer, når vi skylder skylden på andre – bevidst eller ubevidst – og ikke selv tager ansvaret for vores egne oplevelser.

Vi kan ændre vores tanker og holdninger til fortiden. Fortiden er forbi, den kan vi ikke ændre nu. – Men, vi kan ændre vores tanker om fortiden.

Vidste du!

Negativ tænkning kan forårsage alvorlige helbredsproblemer og i ekstreme tilfælde endog døden.

Mange mennesker forstår ikke, hvor alvorlig negative tanker er for helbredet. Problemet med negative tanker er, at de bliver selvopfyldende profetier. Vi taler os selv til at tro på, at vi ikke er gode nok. Negative tanker, vrede, modstand eller måske had til andre mennesker eller verden omkring os har indflydelse på vores helbred og livskvalitet. Og, som følge heraf nedbryder disse tanker vores personlige liv, vores forhold og vores karriere.

Bærer du rundt på skyldfølelse eller skam måske helt tilbage fra barndommen, så få det bearbejdet. Skyld og skam er lige så stor grobund for sygdom, som negative tanker. Tal med nogen om hændelsen og accepttere det skete. Tilgiv dig selv og andre som var involveret i hændelsen, så du kan give slip på fortiden og leve i nutiden, her og nu minut for minut.

Buddhistisk talemåde

Fred er som en sol, der altid skinner i vores hjerte. Den er blot skjult bag skyer af frygt, tvivl, bekymringer og begær, som til stadighed orienterer os mod fortiden eller fremtiden. Solen kommer kun frem, når vi lever i nuet.

Øvelse: Dit liv lige nu

Hvor er du i livet lige nu? Relationer, sundhed og vitalitet, karriere/ kald, velstand/ økonomi, personlig udvikling/spirituelt. Skriv det ned i din notesbog. Vær ærlig over for dig selv...

Øvelse: Prioriteter

Vælg 5 ting som du prioriterer i dit liv, skriv dem ned og udfør dem hver dag eller mindst en gang om ugen. Det kan være: tid til dig selv, tid til en aktivitet du oprindeligt ville glæde dig over, stilhed/meditation, lære noget nyt, læs en bog om personlig udvikling, frisk luft og motion, samvær med familie og venner, sund kost osv.

Øvelse: 3 højeste prioriteter aktivitet

Udvælg 3 ud af dine 5 prioriteter. Find en glaskrukke og nogle kugler eller andet. Du skal bruge 21 kugler. Hver gang du har gjort noget ved en af dine prioriteter, lægger du en kugle i krukken. Hvis alle 21 kugler ligger i krukken, når ugen er slut, ved du, at det er lykkes dig at respektere og opfylde dine vigtigste prioriteter hver dag.

"At tage sig tid til at nyde livet, er en af de vigtigste hemmeligheder hos travle mennesker med indre ro."

I løbet af dagen kan du øve dig i at fange negative eller dømmende tanker, som: "Jeg kan ikke det her." "Jeg burde være mere glad." "Det her er svært." "Det kræver megen tid og arbejde." " Jeg er ikke god nok." – Fang tanken og giv så slip.

Ikke- dømmende

VORES VANE MED AT DØMME OG VURDERE VORES OPLEVELSER, LÅSER OS FAST I AUTOMATISKE REAKTIONSMØNSTRE.

Disse domme har en tendens til at indtage vores hjerne og gøre det svært for os, at finde fred inde i os selv.

Hvis vi skal finde en mere effektiv måde at håndtere stress på, er vi først og fremmest nødt til at blive bevidst om disse automatiske domme. Sådan, at vi kan 'gennemskue' vores egen fordomsfuldhed og frygt. Og, 'frigøre' os fra deres tyranni.

Når du opdager, at din bevidsthed dømmer, skal du ikke nødvendigvis få den til at holde op med det. Det eneste du skal gøre, er at være opmærksom på, at den gør det. Der er ingen grund til at dømme dommene og dermed gøre tingene endnu mere komplicerende for dig selv.

"Hvor er det kedeligt" eller "Det her virker ikke" eller "Jeg kan ikke finde ud af det" – Det er alt sammen domme. Ja i virkeligheden er det kun en tanke. Når de dukker op i din bevidsthed, er det meget vigtig, at du genkender dem som dømmende tanker, og – minde dig selv om, at øvelsen i at være opmærksom – mindful – drejer sig om at afholde sig fra at dømme og bare iagttage, hvad der sker, også dine egne fordømmende tanker uden at forfølge dem eller reagere på dem.

Tid til træning

- Tun in på din vejrtrækning inden du står op

- Giv dig tid til stilhed/ meditation i løbet af dagen

- Lær at observere dine tanker og "slet" de negative tanker

- Skriv dine prioriteter ned i din notesbog

- Praktiser øvelserne

"My day begins and ends with gratitude and joy."

– Louise L. Hay

V – VÆR TAKNEMMELIG

Væn dig til at udføre taknemmeligheds øvelser hver dag, og hver gang du oplever små mirakler i hverdagen, så udråb et stort følelsesmæssigt TAK!

L – Lev i nuet – Mediter

O – Observer dine tanker

V – Vær taknemmelig

E – Elsk dig selv

Selvom livet til tider kan være svært med mange udfordringer, så kan man altid finde noget at være taknemmelig for i løbet af dagen. Det kan være alt fra nydelsen af en god kop urtete eller kaffe, en god samtale med dit barn eller veninde eller en god oplevelse.

Taknemmelighed er en stor "game changer." Det eneste, som du behøver, er at være mere taknemmelig hver dag. Begynd derfor, at være mere taknemmelig, det vil gøre dig gladere hver dag!

Taknemmelighed

Skriv alt det ned, som du kan tænke på, at du er taknemmelig for i dag.

_____

_____

_____

_____

_____

At udtrykke taknemmelighed gavner på tættere forhold til andre, øget værdsættelse og øget lykke.

Øvelse: Taknemmelighed

Prøv hver aften, inden du går i seng at skrive ned i din notesbog minimum tre ting, som du har været taknemmelig for i løbet af dagen. Store ting som små ting, det er ikke vigtigt. Skriv datoen og de ting, som du er taknemmelig for. I løbet af nogle uger, vil du begynde at bemærke ting at være taknemmelig for i løbet af dagen, i bevidsthed om, at du vil have brug for at sige tak for det om aftenen. Denne enkle øvelse gør dig nærværende i nuet og er i stand til at ændre dit liv.

Prøv ligeledes, når du sidder ved middagsbordet sammen med familien, at alle siger noget, som de er taknemmelig for.

Skriv et taknemmelighedsbrev til en person, som har bidraget til at gøre dit liv bedre, stort eller småt.

Tænk ikke over hvordan det virker – lad Universet arbejde for dig!

Forandringsprocessen

Mind dig selv om, at du er i en forandringsproces og at det tager tid. Det handler om at tage små skridt hver dag og holde ud.

For at komme godt i gang kan du stille dig selv følgende spørgsmål og skriv svarerne ned i din notesbog.

Morgenspørgsmål:

1. Hvad er jeg stolt af i mit liv?

2. Hvad er jeg taknemmelig for?

3. Hvem holder af mig, og hvem holder jeg af?

4. Hvad er godt ved min nuværende situation?

5. Hvad kan jeg gøre for at forbedre min dag for at opnå det, jeg ønsker?

Aftensspørgsmål:

1. Hvad er jeg taknemmelig for i dag?

2. Hvad har jeg lært i dag?

3. Hvordan har jeg forbedret mit liv i dag?

4. Hvem har beriget min dag, og hvem har jeg beriget?

5. Hvem holder af mig, og hvem holder jeg af?

Øvelse: Venlighed

Praktiser venlige handlinger i løbet af dagen. Giv en kompliment, smil til en du møder på din vej, åbn døren, giv en kop kaffe til en du holder af eller har hjulpet dig.

Øvelse: Tålmodighed

Prøv at lægge mærke til de situationer, hvor du er utålmodig. Hvor "brænder" det? Identificer et område, hvor du er særlig tilbøjelig til at miste tålmodigheden, og prøv at udvise fuldt opmærksomt nærhed netop nu.

TID TIL STILHED!

Bliver det for uoverskueligt indimellem, så tag tid til dig selv, sæt dig uforstyrret i stilhed. Er familien i nærheden så lad dem vide, at du ikke vil forstyrres de næste 15 minutter. Sluk for tv, radio, telefon og computer, tag nogle dybe indåndinger og koncentrere dig om dit åndedræt og lad tankerne gå. Det er ikke meningen at du skal tvinge tankerne væk, men bliv opmærksom på, hvilke tanker du har. Er det negative tanker eller bevæger du dig i fortiden eller fremtiden, så ændre tanken ved at sige slet eller noget andet, og ændre tanken til noget positivt. Husk… det er kun en tanke og alle tanker kan ændres. Giv dig selv 15 minutter hver dag i fuldstændig stilhed og efter nogen tid kan du forlænge tiden til 20 – 30 minutter, hvis du har brug for det.

Tid til træning

- Inden du står op; tun ind på din vejrtrækning

- Giv dig tid til stilhed/ meditation i løbet af dagen

- Lær at observere dine tanker og "slet" negative tanker

- Bemærk i løbet af dagen, hvad du er taknemmelig for og skriv det ned i din taknemmelighedsbog

- Bemærk hvornår du er utålmodig

- Praktiser venlighed

- Skriv alle observationer og tanker i din notesbog

"I love and accept myself unconditionally right now."

Louise L. Hay

E. - ELSK DIG SELV

Ikke andre end du vil nogen sinde blive dig eller have dine unikke kombinerende styrke, fysisk udseende, evner, livsforløb, personlighed, interesser, tanker og følelser.

At værdsætte og acceptere dine gode sider og lære at elske dig selv, betyder ikke, at du er selvcentreret eller egoistisk. Før du kan fuldt ud give til andre, må du værdsætte og elske dig selv!

Når du giver slip på at prøve på, at ændre andre og i stedet arbejde på at ændre dig selv, vil din livssituation ændre sig. Når du elsker dig selv, så vil du helt automatisk have selvværdsfølelse og tillid til dig selv og andre.

L – Lev i nuet – Mediter

O – Observer dine tanker

V – Vær taknemmelig

E – Elsk dig selv

Elsk først dig selv, så du kan give kærlighed til andre mennesker. - At elske sig selv begynder med aldrig nogen sinde, at kritisere sig selv for noget som helst. Selvaccept og selvværdsfølelse her og nu er nøglen til positive forandringer på alle måder i vores liv.

Når vi elsker os selv, så sker der mirakler i vores liv.

Når vi virkelig elsker, accepterer og ANDERKENDER OS SELV FULDSTÆNDIG som vi er, så fungere alt i vores liv. Så sker der små mirakler hele tiden. Vores helbred bliver bedre, vi tiltrækker flere penge, vores forhold til andre bliver mere tilfredsstillende, og vi begynder at udtrykke os selv kreativ på alle måder. Alt dette sker tilsyneladende helt af sig selv.

31

Øvelse: Elsk dig selv

På en post-it-note skriver du "Jeg værdsætter mig selv." "Jeg elsker dig, navn." Sæt dem nu op, hvor du kan se dem flere gang i løbet af dage, og sig det højt til dig selv hver gang du ser dem.

Vær opmærksom på, at der hvor du IKKE ØNSKER AT ÆNDRE DIG, har du allermest brug for at ændre dig.

Ændring vil bestemt begynde at ske, når du udtaler disse ord: – "Jeg elsker dig, (sig dit navn").

Vælg at have det sjovt mens du laver øvelserne, og vælg at opføre dig som om du har fundet en skat, når du opdager at der sker noget nyt i dit liv.

Vær tålmodig, utålmodighed er blot en anden slags modstand. Det er modstand mod at lære at ændre sig.

Øvelse: Jeg elsker mig selv

Skriv her eller i din notesbog på toppen af siden "Jeg elsker mig selv, fordi … " Afslut sætningen på så mange måder, som du kan. Læs det højt hver dag og tilføj alt, hvad du kan komme i tanke om.

Jeg elsker mig selv, fordi …

_____

_____

_____

_____

Næsten alt vores programmering, både det positive og det negative, har vi accepteret og troet om os selv og om livet på den tid. Den måde vi blev behandlet på, da vi var meget små, er som regel den måde, vi behandler os selv på nu.

VÆR GOD VED DIG SELV! BEGYND AT ELSKE OG ACCEPTERE DIG SELV.

Det er det, det lille barn har brug for, for at kunne udtrykke alle sine højeste potentialer.

Flyd med strømmen af de ændringer, der foregår i dit liv. Så godt som du nu kan.

Anerkend dig selv og den måde, du forandrer dig på. Gør det så godt, som du kan.

For hver dag bliver det lettere!

Spejløvelser:

Stå foran et spejl og se dig selv i øjnene, smil og sig:

- "Jeg elsker dig!"
- "Jeg er kærlighed!"
- "Jeg værdsætter dig!"
- " (Dit navn) jeg elsker og accepterer dig fuldstændig, som du er.

Hvis det er svært for dig; så sig:

- "Jeg er villig til at ændre mig!"
- "Jeg er villig til at give slip på modstand."

Læg mærke til hvad du føler.

Lær at sige nej!

Du siger ja for at få andre til at elske dig, og det er lige det der er problemet.

Du er tilstrækkelig!

Der er absolut ingen grund til, at du går rundt og køber folks kærlighed. Og, hvis du ikke holder op, vil du være totalt ubrugelig i dit job, som ven, som kæreste eller ægtefælde, som forælder – fordi du aldrig vil være i stand til at sige sandheden eller sætte passende grænser for folks adfærd.

Du er nok!

- Elsk dig selv og du føler selvværd!
- Selvværd er hvor meget du elsker dig selv!
- Giv slip på modstand og du er fri til forandring!

Anmodninger

Begynd med at lægge mærke til, hvordan du håndtere anmodninger. Når nogen spørger dig om noget, kan du sige: "Lad mig tænke over det." Det giver dig mulighed for at få tid til at overveje anmodningen, hvorefter du kan nå frem til det bedste mulige resultat. På længere sigt vil denne strategi give dig fred og styke, også selvom det umiddelbart kan betyde et svar, som den anden ikke bryder sig om.

Elsk dig selv - Gør det nu!

Vent ikke til du har det godt eller har tabt dig i vægt, eller har fået det nye job eller det nye forhold, ven eller kæreste.

Begynd nu – og gør det bedste du kan!

Du kan gentage følgende mantra (Louise L. Hay) i dit stille sind i løbet af dagen:

"Jeg elsker mig selv ubetinget lige nu!"

Øvelse: Kærlighed til dig selv

Start med at tage nogle dybe indåndinger, luk øjnene og slap af i kroppen.

Tænk på et menneske, som du elsker og respekterer. Lad nu som om, at den person, der er dig kær og dyrebar, lever inde i dig. Udvis alt den ære, respekt og omsorg over for pågældende, som han eller hun fortjener. Sid et øjeblik med lukkede øjne og fokuser på åndedrættet. Sig nu gentagende, som et mantra i dit stille sind: " Jeg åbner mit hjerte til at give og modtage kærlighed." Sid i nogle minutter og gentag mantraet, slip så mantraet og åbn øjnene når du er klar.

Hvis du gør dette til en daglig vane, vil der lidt efter lidt indtræffe en sælsom vidunderlig transformation. Du vil huske at være god mod dig selv. Og, du vil opleve, hvor meget mere kreativ og produktiv du er, når du ved, at du fortjener din egen kærlighed og omsorg.

Tid til træning

- Inden du står op; tjek din vejrtrækning

- Giv dig tid til stilhed/ meditation i løbet af dagen

- Prøv bodyskanning i løbet af dagen, siddende eller liggende

- Lær at observere dine tanker og "slet" negative tanker

- Bemærk i løbet af dagen, hvad du er taknemmelig for og skriv det ned i din taknemmelighedsbog

- Udfør elsk dig selv øvelserne

"Every time you are tempted to react in the same old way, ask yourself if you want to be a prisoner of the past or a pioneer of the future."

– Deepak Chopra

RESUMÉ

De fire L.O.V.E. principper er enkelte leveregler i det daglige. Bevar enkeltheden i din personlige udvikling, søgen efter mening og dit formål med livet.

Forandring

Mind dig selv om, at forandring tager tid. Du har brugt flere år på at programmere de vaner, som du har i dag. For at du kan forandre dig, må du først give slip på dine indgroede vaner, skridt for skridt. Begynd med at rydde ud fysisk omkring dig, alt fra ting i dit hjem til de mennesker, som du omgås. De fem personer, som du omgås mest med, er de personer, som påvirker dig, både positivt og negativt.

L.O.V.E.

L – Lev i nuet, giv dig tid til stilhed og meditation hver dag 10 – 30 minutter eventuelt fordelt på flere gange i løbet af dagen. Er du stresset eller har du mange bekymringer, så har du brug for endnu mere tid til stilhed og meditation. Det kan være siddende, liggende eller gående meditation. En gåtur i stilhed ude i naturen kan give dig fornyet energi til dine gøremål og håndtering af stress og bekymringer.

O – Observer dine tanker, bliv opmærksom på de negative tanker, så slet dem ved at gentage "slet, slet, slet," og omform den negative tanke til en positiv tanke. Påmind dig selv om, at en tanke kun er en tanke og den kan ændres.

V – Vær taknemmelig hver dag. Er der noget, som du brændende ønsker at opnå, så start med at være taknemmelig for det du allerede har opnået, ting som du har adgang til hver dag. Sig det højt alt det, som du er taknemmelig for hver dag, eller skriv det ned i din notesbog eller taknemmelighedsbog.

E – Elsk dig selv betingelsesløst, du er nok, som du er. Se dig selv i spejlet hver dag og sig: "Jeg elsker dig," "Jeg er nok." Skriv det ned på en post-it, så du husker at bekræfte, at du elsker dig selv. Elsk dig selv først, som du er, så vil du se forandringer i dit liv lidt efter lidt.

Stop op!

Bliver du i løbet af dagen udsat for noget, hvor tankerne skaber en negativ følelse, så STOP OP. Tag nogle dybe indåndinger og giv dig selv lov til at slappe mere og mere af i kroppen efter hver udånding. Har du et lille spejl i tasken, i skuffen på arbejdspladsen, din telefon eller bagspejlet i bilen, se dig selv i øjnene i spejlbilledet og sig: "Selvom (hændelsen)_____ så elsker og acceptere jeg mig selv." Gentag nogle gange, og husk at din tanke kun er en tanke og den kan ændres. Har du ikke tanken, så har du heller ikke følelsen. Udtryk taknemmelighed for hvad du har, alt hvad du kan komme i tanke op. Tag nogle dybe indåndinger igen og giv slip. Har du mulighed for det, eller når du kommer hjem, så sid i stilhed, gå en tur i naturen eller mediter.

Tålmodighed

Tålmodighed er en form for klogskab eller visdom. – Det at man forstår og accepteret at noget tager tid for at udfolde sig i egen tid. Når vi begynder en forandringsproces eller praktisere mindfulness og være ved en selv i meditation, finder vi ud af, at vores sind "har sin egen mening." – Nogle tanker er gode/behagelige andre er smertefulde og angst opstår. Uanset hvilke tanker er det vigtigt at være opmærksom.

Ægte tålmodighed kræver en rolig villighed til at lade livet folde sig ud i sit eget tempo. Denne villighed kræver for sin del, at vi er nærværende HER OG NU. Tålmodighed er fred. At lære at have tålmodighed er en stadig praksis, der er mange år om at modne. Lad den folde sig ud, dag for dag, og vær nænsom mod dig selv, mens du lærer.

MIN HISTORIE

Min personlige forandringsproces startede, som tidligere nævnt med tilgivelse. Med tiden lærte jeg flere metoder til at overvinde mine udfordringer, og de metoder som har haft stor indflydelse på min forandringsproces, er de metoder som er blevet til L.O.V.E. principperne.

At leve i nuet og være nærværende, ved dagligt at kultivere og praktisere forskellige former for meditation og stilhed, åbner op for opmærksomhed. Ved at være nærværende, kunne jeg acceptere min situation og det, som var sket til mig i forbindelse med min skilsmisse, og dermed give slip på fortidens byrder.

Jeg blev opmærksom på mine tanker, og det som jeg sagde om mig selv og andre. Ikke for at gøre skade på nogen, for i virkeligheden er det jo én selv, man skader med de tanker man har. Så des mere jeg observerede mine ord og tanker, fik jeg hurtigt slettet de negative tanker. Efter kort tid forsvandt de negative ord og vendt til positive ord.

At være taknemmelig for hvad man har opnået eller adgang til, ja så får man mere at være taknemmelig for, det er min personlige erfaring. Det er alt fra at finde en parkeringsplads, når jeg har brug for en. Passager, som kører med mig, siger ofte, at når de kører med mig er der altid en parkeringsplads. Og ja, jeg husker at sige tak for pladsen. Jeg bruger hele følelsesregisteret og kroppen af taknemmelighed, når der sker mirakler, som da jeg modtog et brev fra retten, at jeg havde fået nedsat børnebidraget til min eksmand fra 450 dollars til 9 dollars. Jeg hoppede og dansede rundt i stuen og rakte hænderne i vejret mens tårerne løb ned ad kinderne af taknemmelighed.

Da jeg ikke kunne møde op i retten grundet beskyldninger for kidnapning af mine børn (Haager konventionen), fik min eksmand vendt, at jeg skulle betale ham børnebidrag og jeg mistede også min hustrubidrag, som jeg aldrig fik tilbage. Jeg havde frivilligt ladet min eksmand tage børnene med tilbage til Californien og jeg ville så komme senere og sagen blev frafaldt fra Danmark. Der gik 10 måneder før jeg kunne komme tilbage til Californien fordi min eksmand startede en ny Haager konventions sag, da han kom tilbage med børnene til Californien og det var grunden til, at jeg ikke kunne møde op i retten d. 2. november 1999, og dermed mistede fælles forælder myndighed, børnebidrag og hustrubidrag. Jeg skulle i stedet betale børnebidrag til min eksmand. Efter utallige retsmøder fik jeg igen fælles forælder myndighed.

Hver morgen sidder jeg på sengekanten inden jeg går i gang med dagen, og siger hvad jeg er taknemmelig for. Stille og roligt gennemgår jeg LEV-VEL blomstens fem elementer, og der er altid noget at være taknemmelig for i hvert element. (LEV-VEL blomsten er i afsnittet om sindet).

Elsk dig selv ubetinget, som du er og det giver helt automatisk mere selvværd. Hvis jeg er træt eller nedtrygt en dag, så ser jeg mig selv i øjnene i spejlet, smiler og enhver negativ følelse forsvinder. Jeg vælger, at i dag er en god dag, og sådan er det hver dag, mens små mirakler viser sig hele tiden.

BELASTNINGER

3

"The miracle of self-healing occurs when the inner patient yields to the inner physician."

– Vernon Howard

BELASTNINGS REAKTIONER

Stress, angst og depression har det til fælles, at det er blevet udløst af langvarig psykisk pres på krop og sind, og med kropslige og følelsesmæssige belastningsreaktioner til følge. Kronisk smerte kan ligeledes give stress relaterende belastningsreaktioner.

Følgende er typiske reaktioner på psykiske belastninger.

* Hjertebanken

* Smerte i bryst og mave

* Opkastningsfornemmelser

* Stakåndet, pustende åndedræt

* Håndsved

* Nervøse træk i ansigtet (som regel over øjnene)

* Stive og ømme muskler, skulder og ryg

- Smerter i nakke, skulder eller ryg

- Snurren og prikken i finger, specielt lillefinger og op i armene

- Snurren og prikken i ben

- Følelsesløshed i arme – nerverne

- Prikken eller sting i arme eller andre steder i kroppen - nerverne

- Søvnbesvær

- Græder meget og inderligt

- Uro i kroppen

- Fastlåshed i muskler

Ovenstående reaktioner kan medføre et overforbrug af smertestillende farmaceutisk medicin eller anden form for selvmedicinering. Ignorere ikke dine symptomer. Tænk på hvad du selv kan gøre som alternativ til den smertestillende medicin, så du med små skridt kan nedtrappe din medicin og blive smerte- og stressfri. I det følgende finder du alternative øvelser til at forebygge og eliminere dine smerter samt stress symptomer. Find den eller de øvelser, der passer bedst til dig.

"All suffering, stress, and addiction comes from not realizing you already are what you are looking for."

– Jon Kabat-Zinn

STRESS

Stress viser sig på forskellige niveauer, psykisk, fysisk og socialt, som alle berører hinanden, og som har indflydelse på krop og sind under specifikke omstændigheder.

Banebrydende Ungarsk-Canadisk Hans Selye opfandt termen stress efter hans omfangsrige psykologiske studier af, hvad der sker for dyr når de bliver udsat for usædvanlige og ekstreme betingelser. Selye definerer stress, som en respons til en enhver form for pres eller efterspørgelse. En stressor beskriver den begivenhed, som producere stressresponsen. Begivenheden kan lede til en negativ tanke og følelse, som så udløser stress.

Hvor kommer tankerne fra?

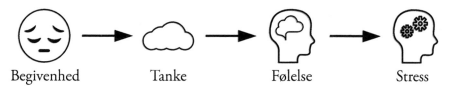

| Begivenhed | Tanke | Følelse | Stress |

Stress breder sig på verdensplan og flere mennesker bliver udsat for stress hvert år. I 2017 oplevede 25 procent af danskere et højt stressniveau. I 2010 var det tal 21 procent. Samtidig føler hele 41 procent af unge kvinder mellem 16 og 24 år sig stressede.

Hvordan vi håndterer en traumatisk begivenhed med vores tanker og følelser, er alt afgørende for, om der udvikles stress og medføre sundhedsskade på krop og sind. Derudover, er troen på os selv og andre ligeledes en faktor til at tage kontrol over egen sundhed i de vanskelige tider i livet, som vi alle bliver udsat for.

Det kan især være hjælpsomt at tænke på, at det ikke så meget er den stressfulde begivenhed i vores liv, men hvordan vi ser på den, og hvordan vi håndterer den, som bestemmer dens påvirkning. Hvis vi ændrer den måde vi ser på en begivenhed, kan vi ændre måden at respondere på.

Stress former

Der er mange former for stress påvirkninger, som vi er udsat for fra tid til anden i vores livsforløb: Tidsstress, søvnstress, menneskestress, arbejdsstress, verdensstress, madstress, smertestress osv.

I dag er vi så vandt til stress påvirkninger med trafik, mobile telefoner, sociale media, tv-udsendelser, at vi ikke bemærker, at kroppen er udsat for stress før vi får sundhedsproblemer. Desuden kan du give dig selv stress med din indre dialog.

Bliver du udsat for en stressfuld begivenhed, så observer dine tanker. Er du ofte præget af negative tanker, bliver det en vane for din krop at udskille stresshormoner og med tiden disponerer denne tilstand til sygdom. Husk at negative tanker kan ændres til positive tanker.

3 stress områder

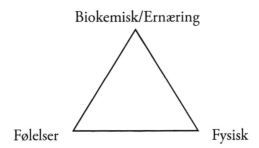

Biokemisk/Ernæring

Følelser

Fysisk

Har du i længere tid været i det sympatisk nervesystem, "Fight or Flight" – "Kæmp eller Flygt," så kan du få sundhedsproblemer, som starter i en af de ovenstående områder og du har behov for at komme i det parasympatiske nervesystem, med hvile, reparation og genoprettelse.

Følelser er ikke nødvendigvis et psykisk fænomenal, men følelses stress kan give: nakkeproblemer, angst, depression, maveproblemer og infektioner. Det er vigtigt at finde den underliggende årsag, som bliver ved med at trigge, for at livssituation kan ændres og dermed helbredelse.

De 3 stress områder hænger sammen på en eller anden måde. Har du gennemgået en eller anden form for tab, skilsmisse, job, bolig, mistet en nærtstående person, og du føler dig nedtrygt, så spiser eller drikker du måske usundt, som så igen går udover kroppen med inflammation.

Overvinde stress

For at overvinde stress må du identificerer, hvad det er som udløser stress i dit liv, og hvorfor det betyder noget for dig. Derefter, kan du begynde at indføre øvelser for at reducere byrden, som dette stress har på din krop. Det er usandsynligt at din daglige stress bare forsvinder, så det er vigtigt at du daglig tager tid til dig selv med små øvelser, som kan hjælpe dit nervesystem fra at være i det sympatiske system – 'Fight or Flight' – til det parasympatiske, som er det genoprettende system, med hvile, fordøjelse, reparere og reproducere.

Øvelse: Identificere din stress udløser

Stress er en skævhed, ubalance i vores krop og sind. Når først skævheden er opstået, arbejder den destruktivt på krop og sind.

Det er vigtigt at finde "Ondets Rod." Hvad gør dig stresset? Sociale media, mails, økonomi, arbejde, verden omkring dig, relationer, skilsmisse, tab eller anden traume. Skriv alt det ned, som giver dig følelsen af stress.

_____

_____

_____

_____

Øvelse: Stress situation

Befinder du dig i en stresset situation, så prøv at besvare følgende spørgsmål og mærk efter hvad der sker i din krop og sind. Skriv svaret i din notes bog.

1. Hvad – sker (situationen) – der

2. Hvor – sker (situationen) – det

3. Hvem – er tilstede

4. Hvorfor – siger/ gør du – det

5. Hvordan – reagerer du han/hun/partner/omgivelser

6. Hvordan – føltes – det

7. Hvad – vil du ønske – (situationen)

8. Hvorfor – ønsker du – det

9. Hvordan – vil det føles

10. Hvordan – føles det NU, mens du siger det HØJT?

Meditation

Forskellige former for meditation er et simpelt og styrkende værktøj, som tager dig til en dybtgående afslapning. Under meditationen, nedsættes åndedrættet så blodtrykket og hjerterytmen formindskes, og stresshormon niveauet falder. Meditation beroliger sindet, og når sindet er i en tilstand af afslappet bevidsthed, så slapper kroppen også af.

Undersøgelser har vist, at mennesker som mediterer, har mindre tildens til udvikling af forhøjet blodtryk, hjerte- sygdomme, angst og andre stress relaterede sygdomme, som fremmer aldersprocessen.

Yoga

Yoga er en utrolig måde at de-stress og som øjeblikkelig aktivere det parasympatiske system. Er du ikke bekendt med yoga øvelser finder du beskrivelser af nogle yogaøvelser, stol-yoga og mindful-yoga bag i bogen.

Skriv

Giv dig tid til at skrive i din notesbog når du er stresset og læg mærke til hvad det var som udløste din stress. Efter nogen tid vil du begynde at bemærke et mønster, og hvilke omstændigheder der er årsag til din stress.

Bevægelse

Så simpelt som at gå en tur i naturen, løbe, svømme eller dyrke en sport, som gør dig glad kan være en fantastisk måde at reducere stress i dit liv.

Selvpleje

Daglige ritualer og øvelser for selvkærlighed og fornøjelse kan gøre underværker for stressreducering. Ofte tager vi tid til at gøre noget for andre, børn og familien, at vi glemmer at tage tid til os selv 'min tid.' Har du svært ved at sidde stille i længere tid, så prøv en gående meditation.

Gående meditation

Begynd at gå. Mærk hvordan vægten synker ned i den ene fod, mens den anden fod løfter sig. Mærk hvad der sker i anklen, hele foden og hele kroppen. Mærk hvornår og hvordan foden sættes i jorden igen, og vægten lægges på den anden fod. Prøv at kigge lige ud, ikke ned på dine fødder. Undersøg den utroligt komplicerede og fantastiske evne din krop har til at gå. Gå i en bane på 2 – 4 meter, frem og tilbage, ganske langsomt i 5 minutter. Læg mærke til, at det nu pludseligt kan blive svært at gå, nu hvor du koncentrerer dig om det.

Prøv at gå i forskellige gangarter: travlt, majestætisk, snigende osv. Og eksperimentér med at gå nysgerrigt, glad, smilende, sanseligt, nedtrygt eller fredfyldt... læg mærke til, hvordan de forskellige gangarter påvirker dig.

Nøglen til denne gangøvelse er opmærksomhed. Vælg en positiv måde at gå på, og se, hvordan dit sind og krop reagere.

Tillid/tro

Meditation er at udvikle tro og tillid til dig selv og dine følelser. Det er også vigtigt når du træner fitness eller yoga, at lytte til dig selv og stoppe hvis din krop fortæller dig, at du skal stoppe i en strækning.

Ved at praktisere mindfulness, praktiserer du at tage ansvar for at være dig selv og lære, at lytte og have tillid til dig selv. – Jo mere du øver at have tro og tillid til dig selv – jo lettere vil du finde ud af, at have tillid til andre mennesker og til godheden selv.

Tid til træning

- Inden du står op; tun ind på din vejrtrækning
- Giv dig tid til stilhed/ meditation i løbet af dagen
- Indfør L.O.V.E. principperne i din hverdag
- Sørg for frisk luft hver dag
- Prøv gående meditation
- Giv dig selv tid til 'min-tid'

"Nourish the mind like you would your body. The mind cannot survive on junk food."

– Jim Rohn

ANGST & DEPRESSION

Angst, depression og panikanfald er IKKE et tegn på svaghed. Det er tegn på at kroppen og psyken har prøvet at forblive stærk i alt for lang tid.

En ud af tre personer gennemgår perioder med en eller anden form af angst eller depression på et tidspunkt i deres liv.

Flere millioner mennesker verden over lider af klinisk depression hvert år. En rapport fra WHO, verdens sundheds organisation, viser at mennesker som lever med depression, er forhøjet med 18 % fra 2005 til 2015, og at dette tal vil blive forhøjes i løbet af de næste år. Depression er nu den anden førende årsag til 'sygdom.' De fleste mennesker, som bliver ramt af depression, søger hjælp hos deres praktiserende læge og ofte bliver de behandlet med medicin alene. Mange læger fortæller ikke deres patienter, at der er flere måder hvormed depression kan overvindes, og som er lige så effektfulde som medicin og uden sideeffekt. Her er nogle:

1.   B-3

Niacin er vitamin B-3, en af de vandopløselige B-complex vitamin. Niacin´s egenskaber er at den nedsætter både angst og depression på en naturlig måde og evnen til at slappe af og falde i søvn om aftenen, siger Abram Hoffer, M.D. (Læs selv mere om B-3 eller spørg din læge).

2.   Detox

Din krop er udsat for hundrede, hvis ikke tusinder af kemikalier hver dag, mange som har besvær med at komme ud af kroppen igen. Der er 12 almindelige kemikalier, som er fanget i kroppen – alle som kan fremme angst og depression

49

og beskadiger nervesystemet siger Sherry Rogers, M.D. (Læs selv mere www. naturalnews.com). I kapitlet om kroppen finder du en guide til at detox kroppen.

3.   Smartphones

Smartphones kan være utrolig nyttige, og du skal heller ikke opgive din smartphone helt. Men et sundt forhold til teknologi kan hjælpe dig med at leve med mere ro og mindre angst viser undersøgelser. Undgå at have din smartphone liggende i nærheden af dig mens du sover. Læs selv mere om smartphone afhængighed og lær at kontrollere dit brug af smartphones.

4.   Mad

Spis bananer de indeholder tryptophan, hvilket er nøgle ingrediens til at fremme serotonin – dit lykkelige hormon. Serotonin fremme også følelsen af at være rolig og afslappet. Tryptophan findes også i kød, kylling og kalkun, nødder og frø. Spis desuden omega-3 som forebygger depression. Omega-3 findes i: laks, makrel, sild, sardiner, hørfrø og valnødder. Du kan også tage omega-3 i kapselform.

5.   Bevægelse

Moderat motion kan forebygge episoder med depression på længere sigt. En daglig gåtur i naturen eller havearbejde i 20-30 minutter kan afværge depressioner, det er fascinerende og samtidig power-ful.

6.   B-12

Et lavt niveau af B-12 vitamin kan være risiko fakta for udvikling af depression. Tegn på B-12 mangel er: træthed, åndenød, hovedpine, glemsomhed, koncentrationsbesvær og svært ved at huske, tingling eller føles løshed.

7.   Mindfulness

Daglig mindfulness træning med meditation, bodyscan og mindful-yoga nedsætter angst og depression eller det forsvinder helt. Det kræver at du tager tid til de daglige meditationer, hvilken du finder bedst for dig. Også når du mindst har lyst til at meditere er det vigtigt at du gør det, for at angsten eller depressionen kan forsvinde.

Øvelse: Tænk på andre

En måde at overvinde depression er, at tænke på andre. Når vi er deprimerede tænker vi hovedsageligt på os selv hele tiden. Prøv at:

•   Fodre fuglene

•   Vande blomster

•   Anskaf dig en plante, plej den og se den vokse

•   Hjælp din nabo

•   Skriv en mail eller ring til en person, spørg: "Hvordan har du det?"

Find selv på noget, hvor du kan gøre noget for andre.

Der er i dag mange mennesker, som er eller bliver udsat for angst eller depression, men det er stadig ikke noget vi taler meget om. På trods af hvad lægerne anbefaler, så behøver du ikke at starte med medicin og en række af ubehagelige sideeffekter, medmindre der er tale om en krisesituation. Prøv i stedet med ovenstående tips til hjælp med at styre angst og depression på en naturlig måde og søg en læge eller anden sundhedsfaglig, som vil være villig til at arbejde med dig og med den holistiske tankegang.

Vi kommer nærmere ind på den holistiske tankegang i næste del.

Frygt

Som bogen siger "Feel the Fear and Do It Anyway" af Susan Jeffers, så er det eneste at gøre når du mærker frygten, at gøre det alligevel. Når du gennemgår en forandringsproces, så vil du fra tid til anden mærke frygten. Frygten for at prøve noget nyt og at det ikke vil lykkes. Men bevar troen og tilliden til dig selv, så sker der små mirakler hele tiden.

"Jeg er ikke en fiasko, hvis jeg ikke opnår det … Jeg er en succes, fordi jeg prøvede."

"Jeg har tillid til mig selv, og tror på min evne til succes."

Gentag ovenstående affirmationer/ bekræftelser hver gang du mærker frygt. Eller, skriv dem ned og sæt dem op et sted, hvor du kan se dem hver dag.

Fem sandheder om frygt

1. Frygten vil aldrig gå væk så længe, som jeg gennemgår en forandringsproces.

2. Den eneste måde, at slippe af med frygten for at foretage noget, er at … gøre det.

3. Den eneste måde, at føle bedre om mig selv, er at … gøre det.

4. Ikke kun jeg vil opleve frygt, når jeg er på uvant grund, men sådan vil alle andre også.

5. At skubbe sig gennem frygt er mindre skræmmende end at leve med den underliggende frygt, der kommer fra en følelse af hjælpeløshed.

Øvelse: Identificer din frygt

At overvinde frygt er en af de mest power fulde skridt til at opfylde dine drømme, elske dig selv og elske dit liv.

Giv dig selv tid til at reflektere over hvad der er din frygt: Frygt for ikke at være nok, at det ikke lykkes, at miste, ensomhed, sygdom, smerte eller andet. Skriv det ned i din notes bog.

For at overvinde din frygt må du føle frygten, være i din frygt og bemærk hvad der sker.

Mindfulness

Med mindfulness øvelserne vil du med tiden bemærke korte øjeblikke, hvor du føler det behageligt og afslappende under bodyscan eller meditation og på andre tider føle at du ikke altid er ængstelig. Du vil begynde at observere at angst eller frygt variere i intensitet og kommer og går, lige præcis som alt andet. Angst, panikangst og depression er en midlertidig mental tilstand, ligesom kedsomhed og lykkefølelse. Det er en fejl i den holistiske kemi ikke i karakteren.

Bodyscan

Inden du går i gang med bodyscan øvelsen, så lad familien vide at du ikke vil forstyrres. Sæt noget meditations musik på og giv dig selv lov til "min tid." Falder du i søvn de første gange er det fint, men mind dig selv om at det er vigtigt at forblive vågen mens du skanner hele kroppen. Hvis du bliver ved med at falde i søvn kan du skanne kroppen, mens du sidder i en behagelig stilling.

Øvelse: Bodyscan

1.Læg dig på ryggen et sted hvor du kan være uforstyrret. Det kan være på underlag på gulvet eller på din seng. Hvis værelset ikke er varmt nok, kan du tage et let tæppe over dig.

2. Luk øjnene.

3. Fokuser på dit åndedræt og føl bevægelserne når maven hæver og sænker sig med åndedrættet. Læg evt. din hånd på maven og mærk åndedræts- bevægelserne i kroppen.

4. Brug nogle minutter til at komme i kontakt med åndedrættet og lad dig synke dybere ned i underlaget ved hver udånding.

5. Bring nu din opmærksomhed til tæerne på din venstre fod. Prøv at forestille dig, at du trækker vejret helt ned i foden. Ved hvert åndedræt trækker du nu vejret ned i fodsålen, vristen, anklen og hele foden. Bemærk enhver sensation du mærker i hele kroppen mens du flytter din opmærksomhed op gennem kroppen. Mærker du ikke noget er det også fint. Giv dig selv lov til at "føle ingenting" og bare være her lige nu.

6. Flyt nu din opmærksomhed til venstre ben, underben, knæet, over ben, inderside og yderside. Derefter flytter du opmærksomheden til tæerne på højre fod og kravler langsomt op ad benet ved hvert åndedræt.

7. Fra ballerne til lænden kravler du nu op ad rygsøjlen med rolige åndedræt i din egen rytme. Flyt derefter din opmærksomhed mod bækken, genitalier, mave, hjerteregionen til skulderne. Armene kan tages samtidig træk vejret ud i fingrene, hånden, underarm, albue, overarm inderside og yderside til halsen, nakken, hele ansigtet, baghovedet og slut med toppen af hovedet.

8. Forestil dig nu at der er et hul i toppen af hovedet og ligeledes et hul i fodsålerne. Prøv nu om du kan trække et lys ind fra toppen af hovedet gennem hele kroppen og ud af fodsålerne. Forestil dig at du med lyset skanner og renser din krop. Gør det nogle gange med åndedrættet og giv så slip og slap af i kroppen. Lig stille og rolig i nogle minutter og føl dit åndedræts rytme.

9. Når du er klar så åbn øjnene.

Tid til træning

- Inden du står op; tun ind på din vejrtrækning

- Giv dig tid til stilhed/ meditation i løbet af dagen

- Indfør L.O.V.E.- principperne i din hverdag

- Sørg for frisk luft hver dag

- Prøv bodyscan meditation

- Skriv dine følelser og tanker i din notesbog

- Bemærk enhver forandring

*"Try not to resist the changes that come your way.
Instead let life live through you."*

– Rumi

SMERTE-STRESS

Hvis vi ser og føler livets smerter, fysisk eller psykisk, som en kamp, så vil den kamp forbruge meget af vores tilgængelige energi. Vi vil hele tiden føle en dyb træthed. Men når vores bevidsthed er forbundet med naturens nuværende kreative energi, strømmer livet let og uden modstand.

Smerter en naturlig del af livets erfaringer og udfordringer. Lidelse er en mulig respons på smerte, enten fysisk eller psykisk. Lider du af smerter, som har været vedvarende i mere end et halvt år, kan man kalde det for kronisk smerte. Kronisk smerte kan være enten konstant smerte eller det kan komme og gå. Smerten kan variere i intensitet, fra ulidelig til mindre smertefuld. Smerte kan være ødelæggende for livskvaliteten.

At tage ansvar for egen tilstand, er medvirkende til at forbedre ens livskvalitet. Det er forståeligt nok svært at få at vide, at smerte er noget, som du må lære at leve med. For at kunne acceptere din nuværende tilstand med smerter, så observer dine tanker, og vend de negative tanker til positive, som tidligere beskrevet. Prøv at vend det negative budskab om vedvarende smerte, til at det ikke er enden på vejen, men en ny begyndelse.

Mindfulness

Mindfulness kan ændre den måde hvorpå du opfatter din smerte og kan benyttes sammen med anden medicinsk behandling mod smerter. Flere undersøgelser har vist, at ved at blive i en pludselig opstået smerte sensation, kan reducere smertegraden. Bliv i smerten og træk vejret med rolige åndedræt mens smerten står på.

Du kan lære at kontrollere din smerte ved daglige mindfulness øvelser. Start med body-scan (side 20, 53). Giv dig tid til at scanne din krop i minimum 30 minutter hver dag. Tag nogle åndedræt indimellem at du flytter din opmærksomhed op gennem kroppen. Udover body-scan kan du benytte siddende og gående meditation og mindful-yoga.

Når du praktiserer mindfulness, så husk at observere dine tanker. Dukker der negative tanker op, som: "Dette er ulideligt." "Jeg kan ikke holde det ud mere." "Hvor længe skal dette fortsætte." "Der er intet håb for mig." Så husk at det kun er en tanke og at den kan ændres. Disse tanker er ikke selve smerten. Det er dine tanker, som ikke vil acceptere din smerte, det er ikke dig.

Bliv ved med at praktisere mindfulness dagligt, og tænk også på din kost om der er noget du kan ændre, (se: Mad og Drikke). Med tiden vil du erfare, at din smerte har ændret intensitet og du føler mindre smerte-stress.

Tid til træning

- Inden du står op; tun ind på din vejrtrækning

- Giv dig tid til stilhed/ meditation i løbet af dagen

- Praktiser L.O.V.E. principperne i din hverdag

- Sørg for frisk luft hver dag

- Udfør body-scan daglig mod smerter

- Skriv dine følelser og tanker i din notesbog

- Bemærk enhver forandring

"Do the best you can until you know better. Then when you know better, do better."

– Maya Angelou

EFT-TAPPING

EFT står for Emotional Freedom Techniques eller populært kaldet tapping. Det er en simpel form for selv-pleje.

På kroppen er der otte punkter i EFT-sekvensen, og karate punktet på hånden, som du anvender. Hvert punkt relaterer til en meridianbane og det er meridianen og de energier den repræsenterer, som du aktiverer ved at tappe på punktet.

Du kan bruge hvilken side af kroppen du ønsker, enten højre eller venstre eller vilkårligt, som det passer dig bedst. Har du en MPI (Most Pressing Issue) mest pressende problem, der er lidt besværlig at få bugt med, kan du også vælge at arbejde med begge siders tappepunkter.

Punktet på hånden: (Se p.59)

* Karatepunkt – det bløde punkt på håndkanten, hvor der er en lille fordybning, brug tre eller fire fingre til at tappe med. (No. 1)

De otte punkter i ansigt og krop er: (Se p.59)

* Indersiden af øjenbryn – punktet ligger i kanten ind mod næseroden (No. 2)

* Yderside af øjet – punktet ligger ved siden af øjet, hvor der er en hulning (No. 3)

* Under øjet – punktet ligger midt under øjet lige på kant af knoglen, hvor der er en lille hulning (No. 4)

* Under næsen – punktet ligger midt mellem næse og læbe (No. 5)

* På hagen – punktet midt på hagen, lige under kløften (No. 6)

* Kravebenet – punkterne hvor kravebenet støder op mod brystbenet,

brug tre fingre til at tappe på hver side (No. 7)

- Under armen – ca. 10 cm direkte ned fra armhulen, for kvinder der hvor bh'en sidder, brug fire fingre til at tappe (No. 8)

- Toppen af hovedet – brug fire fingre til at tappe (No. 9)

Det er ikke så vigtigt, hvor nøjagtigt du rammer de enkelte punkter i starten. Når du tapper, vil du også påvirke det korrekte punkt, ved at aktivere omgivelserne til det. Du får dog større effekt, jo mere præcis du er, og du vil få bedre føling med nøjagtigheden, efterhånden som du arbejder med tappingen.

Lær punkterne at kende og øv dig på at ramme punkterne.

Din tapping kan udføres som en let banken med en eller to fingre på hver enkelt af kroppens punkter. Det skal være lige nøjagtigt så kraftigt, at det kan mærkes - dog ikke så kraftigt, at det gør ondt. Tappe hastigheden bør være tre til fem tap i sekundet. Det må ikke være en frustrerende eller stressende oplevelse, når du tapper. Det kan du risikere, at det bliver, hvis du tapper for hektisk.

Du kan også vælge at massere tappepunkterne. Hvis du sidder i en bus, et tog eller andre steder i det offentlige rum kan det være en mere hensigtsmæssig fremgangsmåde.

Sådan tapper du

- Vælg dit Mest Pressende Problem (MPI).

- Sæt din MPI på en skala fra 0 – 10 (SUDS).

- Vælg en affirmations, eks: "Jeg vælger at være rolig og afslappet."

- Udform en opsætningserklæring ud fra din MPI eks:

- Selv om (problem, begivenhed) _____ stresser mig, så elsker, anerkender og accepter jeg mig selv fuldt og helt.

- Sig det tre gange mens du tapper på karate punktet.

58

- Tap gennem de otte punkter i ansigt og krop i EFT-sekvensen mens du minder dig selv om de ting, som stresser dig og sig dem højt for hvert punkt.

- Tap så mange runder, som du har behov for, hvor du minder dig om, samtidig med at du siger de negative ting højt. Skift derefter i de næste runder med at sige de ting, som du kan gøre for at undgå stress og andre positive ting, som du kan gøre.

- Tag en dyb indånding og tjek din skala om den har forandret sig.

- Gentag efter behov eller prøv et andet problem.

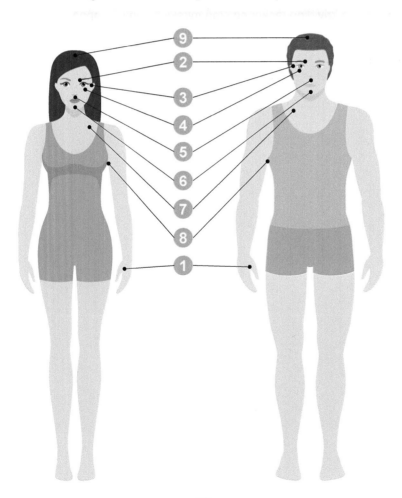

Tid til træning

- Inden du står op; tjek din vejrtrækning

- Giv dig tid til stilhed/ meditation i løbet af dagen

- Praktiser L.O.V.E. principperne i din hverdag

- Sørg for frisk luft hver dag

- Prøv EFT-tapping

- Skriv dine tanker og små mirakler i din notesbog

MIN HISTORIE

Stress er noget, som jeg har kendt til gennem rigtig mange år, så slemt at det blev til kronisk stress i en periode og udviklede sig til smerter på krop og sind. Stressen satte sig fysisk, som smerter i ryggen, og hofter som var låst fast. Til tider var smerterne så voldsomme, at jeg havde svært ved at gå på trapper. Jeg gik på college på det tidspunkt og fik udleveret en nøgle til elevatorerne, som kun måtte benyttes, hvis man havde et handicap. Rygsmerterne stammede ligeså meget fra at ligge på en gammel udslidt madras direkte på gulvet. Jeg havde fået madrassen med mig fra det shelter, hvor jeg boede. Der var ikke penge til møbler, så jeg var taknemmelig for det, som jeg fik doneret, da jeg flyttede i egen lille lejlighed.

Jeg havde haft tilbagevendende depressioner i en årrække inden, at jeg blev klar over at det var depression, som jeg blev ramt af hver år sidst på sommeren og forsvandt igen omkring juletid. Det var lægen på college, som gjorde mig opmærksom på depressionen, efter at jeg havde søgt læge grundet nogle skarpe smerter og små sorte prikker i huden fra brystet til skulder og ud i venstre arm. Lægen forklarede, at det var nerverne, som gav smerter, grundet stress.

Mærkværdigvis klarede jeg studierne rigtig godt, men det var også alt. Jeg sov rigtig meget, og hvis der var for mange smerter eller tanker, så selvmedicinerede jeg med at drikke en flaske vin inden sengetid.

Når jeg var deprimeret om efteråret, skjulte jeg det for børnene, når de var hos mig. Jeg kørte dem de 40 minutter til skole, og 40 minutter tilbage igen. Hvis jeg ikke havde undervisning, gik jeg direkte i seng, når jeg kom hjem, til jeg skulle hente dem fra skole igen. Der var megen kørsel i de år. Børnene boede hovedsagelig i bjergene hos deres far. Heldigvis lå skolen i nærheden af "freewayen", så jeg ikke behøvede at køre ind i bjergene.

Sommer 2006 graduerede jeg fra College i Psykologi og Sociologi, og fortsatte på universitet. Fysisk og følelsesmæssigt fik jeg det kun være, og jeg kunne ikke se mig ud af min situation uden hjælp og støtte. Børnene var nu teenager og deres venner var mere vigtig end samvær med mor. Jeg søgte overflytning til Københavns Universitet og talte med mine børn om, at jeg ville færdiggøre mine psykologistudier i Danmark og så komme tilbage.

Sommer 2007 rejste jeg til Danmark og børnene var med på ferie. Min eksmand forlangte sikkerhed for at børnene kom tilbage til ham, så jeg måtte deponere

10.000 dollars til retten indtil de kom tilbage til deres far. I mellemtiden dør min advokat pludselig, så der går flere måneder før jeg får pengene tilbage.

Overflytningen til Danmark gik ikke som planlagt. Om efteråret blev jeg ramt af dyb depression og længsel efter mine børn. Jeg stopper mine studier og flytter til vest Jylland, hvor familien bor og jeg håbede på lidt familiestøtte. Jeg blev skuffet i mit håb, der var ingen støtte eller omsorg fra familien. Ved familiesammenkomster, var der aldrig nogen, som spurgte til, hvordan jeg havde det og heller ikke til børnene, hvilket undrede mig, at de var så travlt optaget af deres eget liv, at de ikke kunne vise lidt omsorg eller forståelse for min og børnenes situation, som følge af skilsmissen, den havde vi jo ikke selv valgt.

Jeg var stadig stresset, havde tilbagevendende depressioner og savnede mine børn. Jeg kunne ikke studere psykologi i Jylland på det tidspunkt, så jeg valgte en socialrådgiver uddannelse for at undgå starthjælp og systemet i det store hele. Jeg klarede mig økonomisk gennem studierne på SU samt weekend og feriejob. Jeg valgt socialrådgiver, for det var den uddannelse, hvor der var mest psykologi, så jeg ikke behøvede at studere så meget, da jeg jo allerede havde været igennem meget af stoffet i Californien. I stedet kunne jeg bruge tid på at helbrede mig selv.

Jeg lærte mindfulness meditation i forbindelse med min yoga uddannelse i sommeren 1999. Jeg havde benytte meditation fra tid til anden, men ikke hver dag. Man talte nu om mindfulness i Danmark, så jeg købte Jon Kabat-Zinn´s grundbog i Mindfulness på en af mine rejser til Californien for at have samvær med mine børn. Jeg studerede bogen grundigt, så da min depression begyndte i efteråret 2011, havde jeg besluttet, at jeg ville udføre alle øvelserne dagligt og finde ud af, hvorfor jeg blev deprimeret om efteråret. Jeg gik mange mindfule ture ved skov og strand, og skrev alle mine tanker og følelser ned i min notesbog. En dag stod det helt klart for mig, hvorfor jeg blev deprimeret. Helt tilfældigt, så har de utallige retsmøder, både i Californien og i Danmark, foregået om efteråret fra september til og med november. Som vi ved, så husker kroppen. Traume og stress sætter sig i kroppen indtil vi bliver klar over "ondets rod," som jeg kalder det. Jeg har ikke haft skyggen af depression siden og er stressfri. Når jeg bliver udsat for stressfulde situationer, så mærker jeg efter og ved, at lange gåture og stilhed er vejen til helbredelse.

Det år 2011 var det min tur til at holde jul sammen med børnene. Fra Los Angeles kører jeg op nordpå til bjergene for at mødes med min datter, som måtte stoppe på college grundet angst, og var flyttet tilbage til hendes far. Hun var ikke tryg ved at tage med mig, ud til hendes bror og den by, hvor hun måtte stoppe hendes studier. Jeg kører så selv de tre timer ud til kysten og min søn. Efter nogle dage får vi overtalt min datter til at komme ud til os for at fejre juleaften.

Min søn får at vide fra hans far, at jeg ikke måtte komme op på "hans" vej, når vi henter hans søster. Han skulle sætte mig af nede i den lille bjergby, mens han hentede sin søster. Da min søn fortæller mig det, ser vi på hinanden og siger i munden på hinanden: " How pathetic" (hvor ynkeligt), det er jo ikke "hans" vej. Vi aftaler at jeg bliver ude på vejen ved bilen, mens han henter sin søster.

På vejen tilbage til Californiens kyst stopper vi og køber et juletræ. Vi havde en rigtig hyggelig juleaften os tre og min amerikanske veninde. Jeg flyver til København til nytårsaften og når lige at komme ud til Frederiksberg og skåle godt nytår med min moster, hvor jeg overnatter. Næste morgen, nytårsdag skal jeg med toget til Jylland. Det er en frostklar solskinsdag. Tog konduktøren er i nytårsstemning, og bærer min tunge kuffert helt hen til min plads. Mine medpassagerer og jeg hilser godt nytår til hinanden og snart ruller toget ud fra Københavns hovedbanegård. Jeg læner mig tilbage i sædet og ser ud på det let sneklædte Sjællandske landskab. Solens stråler rammer mig gennem vinduet og med et får jeg en ubeskrivelig bølge af lettelse, som gennem strømmer min krop. Jeg ved i mit indre, at jeg nu er fri fra mange års traume belastninger, og at det nu er tid til accepter tidligere hændelser, så jeg kan give slip på fortidens skygge.

64

HOLISTISK
TANKEGANG
——— DEL II ———

"Start where you are, with what you have, you always have WAY more than you recognize."

— Mary Morrissey

HOLOSTISK FILOSOFI

Den holistiske tankegang går ud på at nære og opbygge hele mennesket – kroppen, sindet og spirituelt. Hvis vi kun fokusere på et område er vi ufuldstændige og ude af balance – vi er ikke et helt menneske.

Kroppen: Den rette ernæring er vigtig for at kroppen kan fungere optimalt, så fokuser på dit valg af mad og drikke, og vær opmærksom på hvordan det, som du spiser og drikker, påvirker kroppen og hvordan du føler. Lær hvad din krop har behov for, for at have optimalt energi og vitalitet. Undlad ikke urter og vitaminer.

Find en form for motion som tilfredsstiller dig, det styrker knogler, muskler og holder kroppen ung. Dyrk en sport, der giver dig glæde og energi. Gå en tur i skov eller ved strand. Tag cyklen, dyrk yoga hjemme eller sammen med andre. Forkæl dig selv med en massage, kropsterapi eller andet …

Sindet: Sindet eller bevidstheden kan vi udforske med visualisering, affirmationer/ bekræftelser, psykologiske teknikker, tapping. Forskellige former for meditation er en vidunderlig metode til at få sindet til at slappe af, og til at få kontakt til vores indre viden. Stil dig selv spørgsmålet: "Hvad har jeg brug for at vide lige nu?" Lyt til dit hjerte.

Spirituelt: Spirituelle øvelser kan være bøn og meditation. Men, det kan også være at acceptere tingene som de er. Først ved at tilgive og give slip opnår vi betingelsesløs kærlighed til os selv, til andre mennesker, til omgivelserne og til hele universet.

Mange mennesker har svært ved at acceptere tidligere traumer eller begivenheder, som de stadig bærer på i tanker og følelser, ja måske også i kropslige smerter. Det er vigtigt at acceptere og tilgive for at kunne give slip og leve videre uden psykisk eller fysisk smerte.

KROPPEN
4

"You must learn a new way to THINK, before you can master a new way to BE."

– Marianne Williamson

VITALITET

Hvert blad i LEV-VEL blomsten repræsenter holistisk vitalitet for kroppen: Søvn, tanker, selvaccept, fitness og ernæring.

Vitalitet er et kig på, hvordan kroppen kan trives med de rigtige tilgange og vaner. Vitalitet er således fremtidens medicin. For at kroppen trives optimalt, må vi se holistisk på vores søvnmønstre, vores ernæring med alt det vi spiser og drikker, hvor meget og hvordan vi bevæger os, og ikke mindst vores tankegang, hvordan tankerne påvirker helbredet, og hvordan vi håndtere de påvirkninger, som vi bliver udsat for i løbet af livet.

Søvn

Læg mærke til dine søvnmønstre. Vågner du frisk og udhvilet op om morgenen, eller er du stadig træt? Søvnløshed handler også om søvnkvalitet, ikke kun om kvantiteten. Sørg for at få minimum otte timer søvn hver nat. Lyt til din krop, tag en lur, når du er træt, eller prøv en kort meditation – det er lige så forfriskende. Når du tager en lille lur eller meditation, vågner det indre geni. Du bliver kreativ, produktiv og fredfyldt af at genoprette harmonien med kroppens naturlige rytmer. Reducer kaffe indtagelse og undgå helt at drikke kaffe efter frokosttid. Tænk over, hvad du spiser. For meget eller usund mad kan forstyrre din nattesøvn. Sørg for at få frisk luft hver dag. En 10 minutters rask gåtur inden sengetid gør underværker for søvnen. Drik en kop urtete inden sengetid.

Tanker

Er du ofte præget af negative tanker, bliver det en vane for din krop at udskille stresshormoner og med tiden disponer denne tilstand som omtalt for sygdom i krop og sind. På den måde bliver tankerne din skæbne. Positive tanker og meditation fremkalder den modsatte effekt i kroppen, og derfor kan du ad den vej opbygge optimisme, robusthed, velvære og et stærkt immunforsvar. Kort sagt, bedre kvalitet i livet.

"Vær opmærksom på dine tanker, for dine tanker bliver dine vaner, og dine vaner bliver din skæbne."

- Gammelt ordsprog

"Vil du vide, hvad du tænkte i går, så se på dit ansigt i dag. Og, vil du vide, hvordan du ser ud i morgen, så læg mærke til dine tanker i dag."

- Gammelt indisk ordsprog

En ugentlig hviledag, en sabbat, og daglige perioder med hvile, fordybelse, meditation, leg og refleksion er så vigtige for kroppen. Dette sætter os i stand til at få hovedet oven vande, så vi kan finde vores fokus.

Selvaccept

At have selvaccept betyder, at du acceptere dig selv fuldstændig som du er, og at du acceptere andre. Accepter at tingene tager tid, en forandrings proces og nye vaner tager tid. Fra tid til anden bliver vi udsat for andres handlinger eller miljømæssige omstændigheder, som vi ikke selv er i kontrol over. Her er det vigtigt at du accepterer hændelsen, så du kan give slip.

Fitness

Fitness betyder ikke nødvendigvis, at du skal spendere flere timer i et fitnesscenter. Det vigtigste er at du bevæger kroppen hver dag. En gå- eller cykeltur i naturen, ved strand eller i en park, så du også får frisk luft ned i lungerne, er godt for hele kroppen. Havearbejde er også godt for bevægelse i kroppen. Tai-chi, chi-gong og yoga er godt for balancen mellem krop og sind.

Yoga er den indre rejse. Ordet yoga stammer fra sanskrit og betyder at føje sammen eller forene. Det, der føjes sammen gennem yoga, er krop, sind og ånd. Yoga er den tilstand, der opstår, når den individuelle sjæl bliver bevidst om sit ophav eller den absolutte sjæl. Sindsbølgerne falder til ro, og bevidstheden bliver bevidst om sin egen formløse natur. Prøv Mindfulness yoga strækning, det er for alle uanset alder, kropsform eller for individuel krop og sind udfordringer. Yoga forbedrer styrke og fleksibilitet i hele kroppen. Prøv stol yoga hjemme i stuen, du finder guideline i afsnittet for meditationer og yoga.

Ernæring

Føler du dig indimellem nedtrygt eller deprimeret, uforklarlig smerte, hovedpine, ja så kan det skyldes noget så simpelt, som den mad du spiser.

Tænk på at spise levende føde, det vil sige ingen færdiglavet mad fra fryseboksen og ingen junkfood. En retningslinje at huske på er, køb ikke mad der er i en boks. Spis derimod masser af grøntsager og frugt til alle måltider, prøv noget nyt hver uge, og tænk på at få forskellige farver frugt og grønt hver dag.

Drikke

Kroppen har også brug for væske, det er derfor en god idé at drikke masser af vand. Vand er den bedste tørstslukker – faktisk kan din følelse af sult sagtens skyldes, at du mangler væske. Det er meget normalt at forveksle sult med tørst.

Hvor utroligt det end lyder, så er vand med meget stor sandsynlighed den største enkeltfaktor, når det gælder dit vægttab. Vand fortrænger appetitten naturligt og tilfører din krop væske samt hjælper kroppen med at forbrænde oplagret fedt. Nyrerne kan ikke fungere korrekt uden vand. Når nyrerne ikke kan fungere korrekt, vil de derved komme til at lagre alt i leveren. Leverens funktion er at omsætte oplagret fedt til brugbar energi. Hvis leveren må overtage noget af nyrernes arbejde, så vil leveren ikke arbejde med 100% kapacitet, og i stedet vil mere af oplagret fedt blive ved med at være oplagret fedt. Vand formindsker væske ophobning i din krop, jo mere vand – jo mindre væskeophobninger. Når din krop ikke får nok vand, vil kroppen passe på det, den får, og opbevare det for at overleve – den begynder at holde på hver eneste dråbe, ligeledes hver eneste dråbe fedt.

Så… hver gang du føler sult – er det i virkeligheden ofte væske du mangler – så, hvis sulten melder sig – så, drik altid først vand!

Drik et stort glas vand en halv time inden et måltid, det nedbringer sulten. Undgå at drikke mens du spiser, et måltid skal helst vare 20 minutter. Efter måltidet kan du drikke mere vand. Vand er det vigtigste for din trivsel og velvære, total wellness.

En guideline

Drik 1 liter vand pr. 25 kilo legemsvægt. Eks: vægten er 80 kilo = 12 glas vand pr. dag. Det behøver ikke at være rent postevand. Du kan drikke urtete og tilføje frugt og grønt til vandet og lade det trække i køleskabet i en glaskande.

Citron-Ingefær-Gurkemeje vand

Riv et par centimeter ingefær og gurkemeje, kom det i en i en lille glasskål og hæld kogende vand over. Lad det trække 10 minutters tid, mens du skærer en citron i skiver og kommer dem i en glaskande. Si ingefær-gurkemeje vandet ned i kanden og pres det godt ud. Fyld op med koldt vand og sæt vandet i køleskabet. Nyd et glas citron-ingefær-gurkemeje vand evt. over isterninger.

Sol-te

Vælg din favorit te, urtete, grøn te, frugt eller lakriste. Kom et par breve i en klar glaskande og fyld op med vand. Sæt kanden på et solfyldt sted på terrassen, altanen eller i vindueskarmen. Lad teen stå i solen hele dagen og sæt den så i køleskabet. Nyd et glas sol-te over isterninger og top med en citronskive eller frisk frugt.

Frugt og grøntsagsvand

Skivede jordbær og mynteblade i en glaskande og fyld op med vand. Citronskiver, agurkeskiver og evt. ingefær i en glaskande og fyld op med vand. Sæt kanden i køleskabet og nyd en frisk frugt eller grøntsagsdrik for at slukke tørsten. Find selv på andre sammensætninger af frugt og grønt.

" Self-awareness doesn´t stop you from making mistakes, it allows you, to learn from them."

– Unknown

UGEPROJEKT:

INDKØB & SPISE/DRIKKE PYRAMIDE

Wellness Pyramiden

Formålet med følgende wellness pyramiden er at finde ud af hvad du køber af mad og hvad du spiser og drikker. Er det impulskøb, er det sunde madvarer, så som grønt og frugt, eller er det fyldt med kulhydrater og tilsætningsstoffer?

Skriv ned i din notesbog, hvad du køber, hvad du spiser, hvad er dine tanker, når du køber ind og når du spiser og hvad er dine tanker nu hvor du skriver det ned? Prøv også at tænke over, hvorfor du vælger at spise det, som du ved ikke er godt for din wellness – fysisk og mentalt – er det et mønster, stress, bekymringer eller anden ubalance i dit liv lige nu.

Øvelsen går ud på, at du bliver opmærksom på sammen- hængene mellem tanker og vaner.

I løbet af den følgende uge skriver du ned, alt hvad du køber ind af mad og drikke (gem evt. din bon, så du kan skrive ned fra den), og sætter det ind i følgende kategorier. Derefter skriver du alt det ned, som du spiser og drikker til måltider og mellem måltider i kategorierne.

GRØNT: Alle grøntsager og krydderurter, rå, bagt, streamede, frisk juicepresset

FRUGT: Alle inkl. tomater, oliven, avocado og kokos, rå eller frisk juicepresset

NØDDER OG FRØ: Alle (minus peanuts, som ikke er en nød) nøde- og frømælk, hørfrø, chia, hamp, quinoa o.a.

OLIER: Oliven olie, kokosolie, nøddesmør, Tahini

MÆLKEPRODUKTER: Alle + smør og oste

KØD: Svin, okse, lam, pølse, kødpålæg

FJERKRÆ: Kylling, kalkun, and, æg

FISK: Alle + skaldyr

STIVELSE: Pasta, ris, gryn, kartofler

KORN: Alt brød, kager, knækbrød, kiks osv.

DRIKKE: Sodavand, øl, vin, alkohol, saft, energi drikke, kaffe, sort og hvid te

SØDT: Slik, chokolade, is, konditor kager osv.

FÆRDIG RETTER OG FAST FOOD: Alt dybfrost, færdig pakket, to-go osv.

SNACKS: Chips, peanuts, saltede nødder

Sådan udfylder du wellness pyramiden

Ved ugens slutning tæller du sammen, alt det som du har spist i de forskellige kategorier. Det som du har spist mest af, skriver du i bunden af pyramide og så fremdeles til du har udfyldt din egen wellness pyramide. Se på pyramiden, hvad er godt og hvad kan du ændre på?

WELLNESS PYRAMIDE

Tid til træning

- Inden du står op; tjek din vejrtrækning

- Giv dig tid til stilhed/ meditation i løbet af dagen

- Praktiser L.O.V.E. principperne i din hverdag

- Sørg for frisk luft hver dag

- Udfør ugeprojekt, evt. sammen med familien

"Any time you eat or drink, you are either feeding disease or fighting it."

– Heather Magan

MAD OG DRIKKE

Sukker

Spiser du meget sødt, brød eller pasta, så kan det være at du er blevet afhængig. Sukker og mel har en effekt på vores hjerne, ligesom kokain og heroin. Studier har vist, at sukker/fruktose kan være otte gange mere vanedannende end kokain. Sukker bidrager til vægtforøgelse, humør og energi svingninger, helbredsproblemer som inflammation og insulinresistens, og måske endda diabetes.

Leptin er et hormon, der fortæller din hjerne, at du ikke er sulten mere og at du nu har behov for at være aktiv. Leptin er produceret af adipose (fedt) celler. Graden af produktioner er derfor i forhold til kropsfedt. Når kropsfedtet stiger, så stiger leptin også, således bliver appetitten undertrykt og BMR (Basal Metabolic Rate) stiger. Når kropsfedtet falder, så falder Leptin graden også og appetit undertrykkelsen forsvinder, og du kan igen regulere din appetit.

Insulin blokerer Leptin. Sukker og mel producere insulin. Kommer insulingraden ned, således Leptin graden.

Øvelse: Fokus på sukker/fruktose

Fokuser de næste dage på, at undlade/nedskære dit sukker/fruktoseforbrug. Det kan være svært med fruktose, men undgå færdigvarer så meget som muligt og spis levende føde. Læs indholdet på varen, hvis fruktose står, som en af de øverste på listen af indholdet, så skip varen.

77

Undlad ikke alle former for sukker på en gang, men nedtrap en overgang stille og roligt over tre faser fra høj, mellem, lav sukker indhold.

Fruktose kan skabe leptin resistens, hvor din hjerne ikke modtager beskeden til at stoppe med at spise, som kan medføre overvægt. Overforbrug af fruktose efterlader vores lever ikke andet valg end at konvertere det overskydende fruktose til triglycerider (fedt), som finder et godt hjem omkring vores midt sektion. Overdreven fruktose indtagelse kan faktisk øge triglycerider (fedt) niveauet. Fruktose kan føre til tidlig aldring.

Ernæring

Ernæringen har stor betydning for at leve vel hele livet. Flere og flere lever et stressfyldt liv i det daglige, så det kan være fristende at købe en af alle de færdigretter, som butikkerne og fastfood restauranter lokker med. Mad industrien er blevet eksperter til at tilføje forskellige skjulte smagsstoffer, så vi bliver afhængige af de usunde og praktiske madvarer. Vi kan ikke altid forstå, hvorfor vi tager på i vægt, uden at overspise. Svaret ligger i kulhydraterne, som er tilføjet maden efter at fedtet er blevet skåret ned. Problemet er at kulhydrater omdanner sig til fedt i kroppen, og dermed vægtforøgelse.

En enkelt holdning til ernæring er:

*   Hvis det vokser, så spis det.
*   Hvis det ikke vokser, så lad være.

Guideline til en daglig sund ernæring:

Morgen

Frisk frugt og grønt: Bær, citrusfrugter, æble, pære, banan, spinat, agurk, blegselleri, avocado, peberfrugter, persille, koriander, ingefær, gurkemaje.

Nødder og frø: Mandler, cashew, valnødder, hørfrø, chia, hemp.

Mælk: Mandelmælk, cashewmælk, kokosmælk, rismælk, havremælk.

Yoghurt og skyr: hvis du kan tåle mælkeprodukter.

Æg

Laks

Proteinpulver og superfood: Matcha, chlorella, spirulina, akai, hvedegræs.

Frokost

Stor skål salat, eller grøntsagssuppe, groft brød hvis du kan tåle det. Tilsæt lidt kylling, laks, hytteost, rejer, tun, avocado og farvestrålende grøntsager til salaten. Drys lidt olivenolie over salaten eller en dressing af olivenolie og æblecidereddike. (Æblecidereddike er også godt for din hud).

Aften

Kylling, kalkun, laks, magert kød og grøntsager: Broccoli, asparges, spinat, grønne bønner, alle former for kål og farverige grøntsager. Tilføj brune ris, bønner, linser eller quinoa til maden. Lav spaghettien af 1 squash eller sød kartoffel (ikke almindelige kartofler). Kom den spiraliserende søde kartoffel i kogende vand til den er blød eller squatsen i vandet for at varme den lidt op. Blomkål er en fantastisk erstatning for ris eller kartoffelmos. Rist blomkålsrisen i lidt olie på panden og hæld en grøntsag- eller kødsovs over.

Snack

Spis kun 1 snak om dagen, og kun hvis du har behov for det: ½ smoothie, lidt grøntsagsstænger med hummus, hytteost med bær/frugt, skyr/yoghurt evt. med lidt proteinpulver og bær eller nødder. En lille håndfuld nødder – 5 mandler er nok.

Drikke

Drik masser af vand og urtete mellem måltiderne. Lav din egen te ved at hælde kogende vand over: ingefær, fennikel, mynte, salvie, citrontimian, citron/lime, appelsin/grapefrugt, tilsæt lidt kanel til din urtete.

Døm ikke dig selv, hvis du falder i en dag med is, chokolade, kage, en øl eller et glas vin. Der skal også være plads til nydelse sammen med venner og familie. Vær opmærksom på dine tanker, og fortsæt så den sunde ernæring næste dag.

Kaffe

Kaffe i små mængder er okay. Prøv følgende kaffelatte:

- Lav din kaffe som du plejer
- Tilføj: Lidt kanel, lidt cayennepeber, lidt rå kakao, lidt kokosolie, frisk mandel- eller havremælk
- Kom det hele i blenderen nogle sekunder
- Nyd en dejlig kaffelatte

I stedet for at tilsætte mælkedrikke til din kaffe, kan du tilføje en ts. usaltet smør, kokosolie eller glee til kaffen. Kom det hele i blenderen.

Husk de daglige vitaminer

- Multivitamin, evt. en vitaminpille formuleret til kvinder eller mænd
- D-vitamin + calcium

Calcium er nødvendig for at bygge og vedligeholde stærke, faste knogler, men også nødvendige for muskel sammen- trækninger, nerve funktion, og blodstørkning. Disse opgaver er så vigtige at kroppen vil trække calcium fra knogler til at udføre de andre funktioner, hvis indtagelse er for lavt.

D-vitamin kan du undlade om sommeren, hvis du opholder dig i solen uden at tildække huden, men husk sollotion.

- B-12, hvis du ryger, drikker alkohol, er over 55 år, har en betændelses tilstand i kroppen eller har svært ved at huske

B-12 holder nerver og blodceller sunde. B-12 hjælper også med at danne DNA. Mangel kan føre til megaloblastisk anæmi med symptomer af træthed og svaghed, hvilket kan forårsage irreversibel nerveskade.

- Jern og magnesium hvis du føler dig træt og udmattet

Jern er et essentielt mineral, og det vigtigste job er at transporter ilt fra lungerne til resten af kroppen.

Magnesium er et vigtigt mineral, der har indflydelse på en lang række funktioner i kroppen. Magnesium er vigtig for nervesystemet, muskelfunktion og stabiliserer hjerterytmen. Desuden er magnesium vigtig for funktion af hormonet insulin, som regulerer stofskiftet.

Hvis du stopper med at tage vitaminer i en periode f.eks. om sommeren, så må du begynde forfra med at opbygge din krop med vitaminerne. Derfor, er det en god ide for din wellness, at du tager en multivitamin hele året og ligeså omega 3+6, hvis du ikke får nok fisk hver uge. Omega 3+6 bidrager til en normal hjertefunktion, til vedligeholdelse af et normalt syn og en normal hjerne- funktion. I større doser medvirker omega 3+6 til at vedligeholde et normalt triglyceridniveau i blodet.

Mange af de vitaminer, som vi har behov for findes i vores mad, så det er lige så vigtigt med en sund ernæringsrig kost.

Som altid, spørg din læge eller ernæringsrådgiver, hvis du er i tvivl om du får nok vitaminer gennem din kost.

Følgende finder du en guide over, hvor du kan finde de forskellige vitaminer til din daglige kost.

Omega 3, omega 6 og omega 9

Vi ved alle hvor vigtige essentielle fedtsyre er for vores ernæring, men ved du hvor du finder den bedste madvalg for at få mere omega 3+6+9 gennem maden (Forever Young).

Omega 3:

- Sild
- Makrel
- Laks
- Østers
- Sardiner
- Ørred
- Tun (frisk)
- Helleflynder
- Valnødder
- Olivenolie
- Hørfrø, hørfrøsolie og hørfrøsmel
- Hempfrø og hempfrøsolie
- Pumkinfrø
- Avocado
- Grønne grøntsager: f.eks. grønkål, spinat, broccoli.

Omega 6:

- Fjerkræ
- Æg
- Nødder
- Sesamfrø
- Morgenmadsprodukter (se efter sukker indholdet)
- Durum mel
- Fuldkornsbrød

- De fleste grøntsagsolier

- Hørfrø, hørfrøsolie og hørfrøsmel

- Hempfrø og hempfrøsolie

- Pumkin og solsikkefrø

Omega 9:

Vores kroppe kan selv producere omega 9, så du har måske ikke hørt så meget om omega 9. Du finder omega 9 i:

- Extra virgin olivenolie

- Oliven

- Avocado

- Nødder: mandler, peanuts (ikke en nød), pecans, cashews, pistachios, hasselnødder, macadamia

- Sesamolie

Lidt om hvad frugt og grønt kan gøre for din krop og sind

Æbler: Bidrager til at forebygge depression og reducere angst episoder

Bananer: Har stærke antivirale egenskaber

Pære: Hjælper med at fjerne radioaktive toksiner fra din krop

Søde kartofler: Bidrager til at forebygge IBS (Irritable Bowel Syndrome) irritabelt tarmsyndrom

Blåbær: Balancere blodsukker, forebyggelse af hypoglykæmi

Fennikel: Smertestillende for kramper og spasme

Blomkål: Hjælper astma og nyrelidelse

Appelsiner: Bidrager til sinus- og respiratoriske problemer

Citroner: Alkalisere og renser din lever

Ribs: Renser blodet og reducerer anæmi

Ananas: Forbrænder fedt og toner maven

Kirsebær: Styrker hjertet og kredsløbssystemet

Lime: Fjerner toksisk fra kroppen

Kål: Bidrager til at reducere kropsfedt

Savoykål: Mindsker gigt smerter

Rosmarin: Giver ny energi

Bleg selleri: Reducere gigt smerter og inflammation

Mad mod smerte

Hindbær: Ved betændelsestilstand

Ingefær: Anti- inflammatoriske egenskaber, som sænker betændelsestilstande

Rødløg: Reducere inflammatoriske tilstande

Gurkemeje: Rigt på jern med curomin, som holder inflammatoriske enzymer i skak

Grønkål: Indeholder sulforaphane

Røde vindruer: Indeholder antioxidanter, C-vitamin, anti-inflammatorisk

Chilli: Stoffet capsaicin i Chilli bruges i diverse smertestillende cremer

Kål: Sulforaphan i kål reducerer betændelsestilstande i kroppen og inflammatoriske smerter, indeholder C- vitamin, kalium og folat

Olivenolie: Indeholder cleocantnel, som bekæmper inflammatoriske enzymer

Grøn te: Lindre smerter, indeholder cetchim, anti-inflammatorisk

Mynte te: Beroligende, kan blokere smertesignaler i kroppen

Laks: Reducere betændelsessmerte, indeholder omega-3 og mineraler

Tun: Dæmper betændelses tilstande, indeholder omega-3

Tofu: Anti-inflammatoriske affekt

Salvie te: Lindre gigtsmerter

- Spis mange forskellige grøntsager hver dag, som salat, i smooties, juice dem, grøntsags supper, bag eller damp grøntsagerne.

- Lav en te af friske mælkebøtteblade og salvie. Teen lindre gigt og muskelsmerter.

- Prøv et kålomslag for gigt og smerter i knæ og skulder. Tag de yderste blade fra en savoy eller spidskål. Læg bladet på det smertefulde sted og bind et strækbind rundt om bladet. Gå med omslaget i nogen tid og bemærk, at smerten mindskes eller helt forsvinder.

Anti-Cancer mad

Følgende mad er medvirkende til forebyggelse af kraft.

- Broccoli og broccoli spirer
- Grønne blade: spinat og andre spæde blade
- Tomater – specielt mod testikel kraft
- Champignoner – specielt mod bryst kraft
- Grønne og røde druer
- Gulerødder og rødbeder
- Alle former for kål
- Gurkemeje, ingefær
- Løg og hvidløg
- Citroner, appelsiner og æbler

- Blåbær og andre bær
- Persille og koriander
- Hørfrø og hørfrøolie
- Quinoa
- Rå Kakao

Sundt tarmsystem

En ting, som du selv kan gøre for en sund krop, er et sundt tarmsystem. For at spise dig til et sundt tarmsystem er der to nøglekomponenter, probiotisk og præbiotisk.

Probiotisk mad:

Probiotiske fødevarer indeholder levende gavnlige bakterier. Du finder disse bakterier i:

- Fermenteret mad – Yoghurt, surkål, kimchi, miso
- Fermenterede drikke – Kombucha, kefir

Præbiotisk mad:

Præbiotiske fødevarer fodrer de gode bakterier i vores tarmsystem. Nogle af de vigtigste former for præbiotiske fødevarer er: Frugt og grøntsager, frø og nødder, spirende korn.

- Friske mælkebøtte blade
- Artiskok
- Hvidløg
- Løg
- Porre

- Asparges

- Bananer

- Byg

- Havre

- Æbler

- Kakao

- Hørfrø

- Hvedeklid

- Tang

- Kinesisk yams (sød kartoffel)

Mindful spisning

Alt hvad mindful spisning indebærer er simpelt hen at have opmærksom på dine oplevelser fra øjeblik til øjeblik. Det nuværende øjeblik, er kun den tid, som vi har. Det øjeblik til at lære, til at opfatte, til at ændre, til at handle, til at helbrede. Vi behøver måske at være tålmodige og øve os hver dag, men med øvelse gør det vores oplevelse mere levende og ægte fra øjeblik til øjeblik.

Fordele ved opmærksomt nærvær med spisning

- Du mærker, hvornår du er sulten, og hvornår du er mæt

- Du oplever større sanselighed, når du spiser

- Du nyder maden og spiser mindre

- Du bliver mindre stresset – mad stress

- Du forebygger vægtproblemer og spiseforstyrrelser – overspisning

- Du oplever en normalisering af din vægt

Ulemper ved åndsfraværende spisning

- Du bemærker ikke, hvornår du er sulten, og hvornår du er mæt

- Du oplever mindre sanselighed når du spiser

- Du spiser mere og nyder ikke maden

- Du bliver mere stresset

- Du øger din risiko for vægtproblemer og spiseforstyrrelser

- Du forbliver overvægtig

Husk at det tager 20 minutter før du føler mæthed, så spis mindful, tag pauser og nyd maden!

Rosinøvelsen

Rosinøvelsen er en spisemeditation, på den måde at man bevidst koncentrerer sig om at spise. Vi glemmer ofte at smage og opleve maden, fordi vores tanker og opmærksomhed er andre steder. Hvis man bevidst vælger at koncentrere sig om maden er det muligt, at få en mere intens oplevelse af den mad, som vi spiser. Du kan vælge en rosin eller et stykke æble, dadel eller måske et lille stykke mørk chokolade, det er ligegyldigt, det er oplevelsen af at være nærværende i livet, som er vigtigt.

Rosinøvelsen:

Først se på rosinen, observer den som havde du aldrig set en rosin før. Føl derefter strukturen mellem dine fingere og læg mærke til farven og overfladen. Læg også mærke til dine tanker om rosinen eller generelt om mad. Læg mærke til tanker og følelser der dukker op, om du kan lide eller ikke lide rosinen. Derefter, lugter du til rosinen og fører den med opmærksomhed op til dine læber. Tag rosinen ind i munden og tyg langsomt på den og oplev smagen og lyden mens du tygger på rosinen. Når du er klar så synk rosinen og mærk følelsen af kroppen en rosin tungere.

Hvad oplevede du? Er det sådan, du plejer at spise?

Når du spiser mindful, så benytter du de fem sanser: Se, berøre, lugte, smage og lytte.

Bemærk de fem sanser i følgende øvelse.

Øvelse: Æblemeditation

Start med at vende og dreje æblet i din hånd og bliv opmærksom på lige det særlige æbles form og nuancer af farver.

Luk evt. øjnene mens du koncentrerer dig helt og holdent om håndens greb om æblet, dens form og konsistens.

Luk igen øjnene mens du lugter til æblet. Giv dig god tid til at åbne sindet for dette indtryk. Minder duften dig om noget? Kan du opfatte forskellen klart mellem duften og tanken?

Før nu æblet op til munden og mærk æblet mod læberne. Tag en bid af æblet og bemærk sansningen af kæbernes bevægelse idet du bider i æblet, tygger og omhyggeligt smager ind til saften og sødmen af dette æblestykke.

Læg mærke til de mange sansninger af berøringen med æblestykket i munden, mens det ændre konsistens. Lyt til hvordan æblet knaser, når du tygger.

Spis æblet, som om det var første gang du nogensinde har spis et æble. Hvert indtryk er nyt. Hvert indtryk er hverken før eller senere. Det er lige nu.

Prøv at spise et måltid mindful i stilhed. Gør dine bevægelser så langsomme, at du bemærker hele processen. Observer farverne og strukturen af din mad. Overvej, hvor maden kommer fra, hvor det har vokset, vejen til din tallerken. Spørg dig selv, om du vil have maden foran dig. Hvor meget vil du have ned i din mave. Bemærker du, når maven siger "stop"? Bemærk hvordan din krop føles nogle timer efter, at du har spist. Føles kroppen tung eller let? Er du træt eller fuld af energi? Føler du dig oppustet eller har du luft i maven? Tænk over om der er noget af maden som din krop er følsom overfor. Bemærk en pludselig opstået lyst til noget sødt, surt, salt mad. Er det virkelig den mad du ønsker eller noget andet? Prøv, at give slip på trangen til mad og mærk efter om det er en tanke eller følelse. Kan du tænke på noget andet at gøre i dette øjeblik, som er sundere for dig? Gå en tur, læs en bog, flyt rundt på et eller andet, ring til en person, som står dig nær, ven eller familie.

Tid til træning

- Inden du står op; tjek din vejrtrækning

- Giv dig tid til stilhed/ meditation i løbet af dagen

- Praktiser L.O.V.E. principperne i din hverdag

- Sørg for frisk luft hver dag

- Vær opmærksom på dit sukker forbrug

- Tænk på hvad du spiser og drikker

- Prøv at spise mindful

> " I am the only person who has control over my eating habits. I can always resist something if I choose to."
>
> – Louise L. Hay

DETOX – LEGEMETS RENSELSE

Når vi overvældes af træthed og en vis uforklarlig utilpashed, så tror man, at det skyldes alle mulige andre årsager end de virkelige. Vi spiser og drikker for meget og forkert. Vi mærker ikke en naturlig mæthedsfornemmelse, hvilket skyldes fødevarens industrialisering med unaturlige stærke farver og lang holdbarhed, opnået ved kemiske konserveringsmidler. Industrien tilbyder tillokkende næringsmidler, der er alt for righoldige, og lidt efter lidt overfyldes og forurenes det menneskelige legeme. Vi bliver dagligt bombarderet med forurening, forarbejdet fødevarer, stress, medicin og usund livsstil med dårlige vaner med at ryge eller sidde for meget. Vores moderne kost indeholder nogle madgrupper, som fremmer inflammation i kroppen. I henhold til Dr. Josh Axe, så ligger gluten, sukker, kunstige sødestoffer og raffinerede kornprodukter i top gruppen af inflammatoriske fødevarer.

Heldigvis kan vi selv gøre noget for vores velbefindende. Som tidligere beskrevet, så bemærk hvordan du har det efter, at du har spist et måltid. Prøv i en periode at undgå de madgrupper, som du bliver utilpas ved at spise. Udover ovenstående, så prøv også at undgå mælkeprodukter og udskift komælken med havre, mandel eller anden plantebaseret mælk.

Derudover, kan du rense dit legeme med en detox program. Der er mange måder hvormed du kan detoxe. Følgende er et forslag til 8 dages detox. Lyder 8 dage meget for dig, så vælg, at tage nogle dage med råkost, 1-3 dage med flydende kost, eller nogle dage med blandet kost og slut af med 1-2 dages overgangs kost. 1-3 dages detox er bedre end ingen dage. Beslut at du vil tage 1 dag eller en weekend hver måned eller ved hvert årsskifte, det vil gøre godt for din krop og dit velbefindende.

Du kan også leve en detox livsstil ved at drikke juice, smooties og superfoods og spise grøn salat og hjemmelavet urtesuppe/bone-broth i løbet af dagen. Til aftensmåltidet spiser du så en almindelig sund kost. Husk at drikke rigelig med vand i løbet af hele dagen.

3 dages råkost:

Før morgenmaden, drik varm citronvand, tilsæt evt. ingefær, gurkemeje, æblecidereddike eller aloe-vera saft.

<u>Morgen</u> – Juice eller blend med lidt vand: ½ eller lille agurk, 2-3 stilke blegselleri, 2-3 cm ingefær, ½ citron eller lime (skrællet), 1 grønt æble, 1 håndfuld spinat, grønkål eller savojkål. Tilføj evt. 1 ts. superfood: Spirolina, chlorella, hvedegræs, matcha, hørfrø eller hemp.

<u>Frokost</u> – Salat efter reglen om den hele plante: Rod, stængel, blad og blomsten.

Ex.: Blandet salatblade eller babyspinat, agurkeskiver, forårsløg, radiser, avocado. Top med friske krydderurter: Persille, koriander eller andet. Dressing: Olivenolie og æblecidereddike eller citronsaft.

Planten ex.:   <u>Roden</u> – Løg, gulerødder, radiser

<u>Stænglen</u> – Forårsløg, asparges, blegselleri

<u>Bladet</u> – Salatblade, spinat, kålblade

<u>Blomsten</u> – Tomat, peberfrugt, bær

<u>Aftensmad</u> – Råkost tallerken.

Ex.: Broccoli, blomkål, gulerødder, asparges, tomat, peberfrugt, kinakål, grønne bønner, agurk, champignoner, bønnespirer, oliven, avocado, rodfrugter. Riv evt. nogle af grøntsagerne. Mos en avocado og tilføj hakket løg, chili, hvidløg og krydderurter som dip. Hæld en dressing over grøntsagerne.

<u>Aften</u> – 1 æble, pære, appelsin eller jordbær.

Hvis du drikker kaffe, så kun en kop, rå kakao uden sukker er bedre. Drik urtete og masser af vand i løbet af dagen. Tilsæt evt. frugt, grønt og urter til din vand.

1 dags flydende kost:

Start dagen med varm citronvand.

<u>Morgen</u> – Juice eller smoothie. (Se under opskrifter).

Frokost – Smoothie.

Aftensmad – Urtesuppe. (Se under opskrifter).

Aften og i løbet af dagen – Drik masser af vand, evt. tilsat frugt eller grønt, og kold eller varm urtete.

Undgå kaffe og kakao i dag.

2 dages blandet kost:

Start dagen med varm citronvand.

Morgen – Juice, smoothie eller chiagrød. (Se opskrifter).

Frokost – Salat efter reglen om den hele plante.

Aftensmad – Urtesuppe eller bone-broth. (Se opskrifter).

Aften – Frisk frugt og urtete: camille, mynte eller sleepytime/ bedtime.

Drik masser af vand og undgå kaffe og kakao.

2 dages overgangs kost:

Start dagen med varm citronvand.

Morgen – Juice, smoothie, chiagrød eller pandekage. (Se opskrifter).

Frokost – Salat efter reglen om den hele plante. Tilføj evt.: moserella, feta, hytteost, reven parmesan, yoghurt eller skyr med krydderurter. Spis evt. frøknækbrød til salaten. (Se opskrift).

Aftensmad – Urtesuppe eller bone-broth. (Se opskrifter).

Aften – Frisk frugt og urtete.

Føler du sult i løbet af dagen så spis nogle gulerødder eller agurkestænger med lidt hummus eller ½ avocado med lidt peber.

Inden sengetid kan du hverdag spise en kiwi eller to, som hjælper mod søvnløshed.

Bliv ved med at spise frugt og grøntsager til hvert måltid. Begynd med at tilføje kød til aftensmåltidet. Tilføj lidt af din normale kost fra dag til dag og bemærk, hvordan du har det i kroppen efter, at du har spist et måltid.

En detox kan have både kort og langsigtede sundhedsmæssige fordele. Generelt kan en detox forbedre din livskvalitet.

- Sundere hår, negle og hud
- Lavere kolesterol
- Forbedret mental klarhed
- Elimineret lageret affaldsstoffer
- Mulighed for vægttab
- Helbrede kroppen fra sygdom
- Styrker immunsystemet
- Blodsukker regulering

"Let food be thy medicine and medicine be thy food."

– Hippocrates

OPSKRIFTER

Følgende opskrifter er blot tænkt som eksempler på, hvordan en sund kost med mange grøntsager kan være velsmagende. At spise en sund kost er ikke det samme, som at give afkald på enhver form for madglæde. Det at spise bør forblive en af tilværelsens fornøjelser i samvær med familie og venner.

For at få det meste ud af livet … må du få det meste ud af din mad!

En god måde at få mange forskellige grøntsager og frugt hver dag, er ved at drikke dem. Er du ny til at lave smooties så start med at opbygge din sundheds smoothie således:

- Grønne blade: spinatblade, romaine salat, blandet salatblade, kålblade

- Frugt: Bær og alt frugt skåret i tern, banan og avocado for at få en cremet konsistent

- Væske: Vand, kokosvand, kokosmælk, mandelmælk eller anden nød/frø mælk.

- Senere kan du tilsætte nødder, frø og superfood.

Start din dag med en rensende smoothie.

Rensende Tonic:

1 håndfuld spinatblade	½ pære
1 skive frisk ananas	½ æble
1 lille banan	citronsaft
Vand	Isterninger

Kom alt i blenderen og blend til en cremet konsistent.

Immune Boost:

1 håndfuld blandet salatblade	1 banan
1 pillet appelsin	1 tyk skive ananas
1 håndfuld blåbær (frisk eller frossen)	Evt. 1 tsk. hørfrø
Kokos- eller mandelmælk, eller vand	Istærninger

Kom alt i blenderen. Denne smoothie kan holde dig sund og rask i vintermånederne.

Grøn smoothie:

1 håndfuld spinat	10 cm agurk
Persille eller koriander	1 cm skrællet ingefær
1 grønt æble	1 tsk. chiafrø

Evt. 1 tsk. superfood eller proteinpulver

Blend og nyd en rensende smoothie, din krop vil elske dig!

Anti-Aldring:

1 håndfuld spinat

½ lille rødbede

Kerner fra ½ granatæble

Kom det hele i blenderen.

½ grapefrugt

1 dadel

Kokosvand eller vand

Sukker cravings:

½ banan

½ håndfuld blandet salatblade

½ tsk. kanel

Mandelmælk

½ pære

1 spsk. valnødder

1 tsk. havre

Evt. istærninger

Kom det hele i blenderen. Denne smooties balancere blodsukkeret.

Vægttab:

1 håndfuld blandet salatblade

1 håndfuld blandet bær

Gurkemeje – frisk eller pulver

Evt. isterninger

½ appelsin

1 cm skrællet ingefær

Kokosvand eller vand

Kom det hele i blenderen. Drik denne smooties om eftermiddagen, hvis du føler sult inden aftensmåltidet.

Gigt smerter:

1 grønt æble	10 cm agurk
2-3 stilke bleg selleri	1 håndfuld persille
1 håndfuld hvid eller spidskål	1 skive ananas

Blend med vand eller kokosvand

Har du ikke mulighed for at blende en smoothie, så prøv en chiagrød til morgenmad eller måske en dessert.

Chiagrød:

Pr. person

1 spsk. chiafrø,

Lidt kanel og vanilje

Kokos eller mandelmælk

Friske bær, mango, melon eller anden frisk frugt

Hakkede mandler, hasselnødder, valnødder, cashewnødder eller ristede solsikkekerner. Evt. lidt flydende honning.

Kom chiafrø, kanel, vanilje og mælken i en skål. Pisk det let sammen og kom det i køleskabet. Lad det trække natten over eller pisk i massen ind imellem, så bliver det hurtigt til en tyk grød.

Top med frisk frugt, nødder og lidt honning.

Pandekager:

Mix pr. person 1 æg og 1 lille banan. Tilføj drys kanel og evt. vanilje. Kom lidt usaltet smør eller kokosolie på panden. Bag pandekagen på begge sidder. Kom pandekagen på en tallerken og top med friske blåbær, hindbær og eller jordbær. Fuldend med yoghurt/skyr, lidt flydende honning og hakkede nødder.

Hvis du syntes at pandekagen er for sød eller smager for meget af banan, så kan du tilføje reven gulerod eller blomkål.

Salatdressinger:

- Mix lige dele olivenolie og æblecidereddike.

- Mix: 1 ts. æblecidereddike, citron eller limesaft, ½ most avocado, lidt chayenne peber og salt, 1 ts. flydende honning, friske krydderurter.

- Mix: 1 ts. sennep, 1 ts. flydende honning, citronsaft, olivenolie, hvidløgspeber blanding, frisk persille eller koriander.

- Mix: 2 ts. tahini, citronsaft, flydende honning, olivenolie, drys chayenne, drys salt og peber.

Urtesuppe:

En god måde, at få brugt de lidt kedelige grøntsager i køleskabet, men stadig spiselige.

Hak et løg og hvidløg. Simmer et par minutter i lidt vand. Tilføj grøntsager. Forslag: Broccoli, gulerødder, parsnip, søde kartofler, kål, salat, squats, bønner – tilføj alt hvad du ellers har, undtagen kartofler. Fyld gryden op med vand til det dækker alle grøntsagerne. Simmer i 4 – 5 timer. Tilføj mere vand hver time, så gryden hele tiden er fyldt 3/4 op. Si suppen og smag til med peber, sea salt, friske urter evt. chayenne efter smag.

Misosuppe:

Kom 2 spsk. Miso-pasta i en gryde med en liter vand. Tilføj grøntsager: squats, blegselleri, grønne bønner, tomater, løg, hvidløg, eller andet grønt og kryddergrønt: persille, timian, merian, rosmarin. Kog suppen i 30 minutter og spis den som den er eller blend suppen.

Bone-Broth:

Simmer et løg og 4 hvidløgsfed i lidt vand. Tilsæt skroget fra en kylling eller kyllingelår, 3 gulerødder, 2 stilke blegselleri, 1 lauerblad. Urter: Timian, rosmarin, merian, havsalt, peber, 1 ts. gurkemeje, 1 ts. frisk reven eller ingefærpulver, 2 spsk. æblecidereddike. Fyld op med vand og simmer i 4-6 timer.

Si suppen. Spis eller drik suppen som den er eller tilsæt: 1) skivede champignoner og forårsløg, 2) små buketter broccoli, blomkål og revet gulerod, 3) hakket tomat og basilikum.

Grøn suppe:

Ca. 350 ml bone-broth, hakket grønne grøntsager. Simmer 5-10 minutter til grøntsagerne er møre. Kom suppen i blenderen. Server suppen med hakket persille/koriander og ristede solsikkekerner.

Hvid suppe:

Ca. 350 ml bone-broth, ca. 100 ml kokosmælk, hakket blomkål. Smag til med krydderiblanding: Havsalt, peber, kanel, kardemomme, muskatnød, cayenne.

Simmer i ca. 10 minutter og blend suppen. Server med friske krydderurter.

Gul suppe:

Ca. 350 ml urtesuppe eller bone-broth, 1 hokkaido græskar, 1ts. olivenolie, 1 porre, evt. 1 løg, peber, kanel, støt kommen, karry, 1 ts. tamari, ca. 100 ml mandelmælk, drys muskatnød.

Opvarm ovnen til 180 grader C. Vask græskaren og skær den over. Fjern kernerne. Placer græskaren med hovedet ned i en bage pande. Kom lidt vand over og dæk med folie. Bag græskaren i ca. 30 minutter eller indtil en kniv kan skære let i græskaren. Lad græskaren køle. Skær skindet af og skær græskaren i terne.

Varm olien i en gryde og tilføj porre, evt. løg og krydderier. Sauter i 4-5 minutter.

Tilfør græskar og sauter i 3-4 minutter. Tilføj tamari og brun lidt. Tilføj Urtesuppe eller bone-broth. Simmer i ca. 10 minutter. Blend eller pure suppen mens mandelmælken tilføjes. Opvarm suppen hvis nødvendig. Server suppen og drys med reven muskatnød.

Hvorfor bone-broth

Ben, skrog, fedt, som vi ellers smider ud indeholder mange gavnlige vitaminer, mineraler og andre substanser, som bliver til bouillon, og er let at fordøje. Bone-broth indehold kollagen, proline, glycerin og glutamin, alt sammen godt for vores sundhed. Desuden er der mineraler som calcium, magnesium, phosphor, silicium, svovlsyre, som reducerer inflammation, støtter immunforsvaret og hjælper med at hele allagier og andre lidelser.

Prøv at skifte din eftermiddags kaffe eller te ud med en kop bone-broth.

Knækbrød:

Her har du en hurtig og let opskrift på knækbrød og du får samtidig flere grøntsager i kroppen.

- 1 æg
- Lille gulerod
- Florlet blomkål
- Evt. squash eller broccoli stilk
- Halv pose frøblanding eller bland dine egne frø
- Evt. fint hakket nødder
- Drys bagepulver
- Drys salt
- Evt. gurkemaje og peber
- Evt. støt kommen
- Evt. frisk rosmarin eller timian
- Vand

101

Skift med krydderierne og andre grøntsager, som kan rives.

Pisk ægget og riv gulerod, blomkål og evt. anden grøntsag. Tilføj bagepulver og krydderier, bland det godt og tilføj frøblandingen og evt. hakket nødder. Rør det lind med vand til blandingen hænger godt sammen. Kom blandingen på en bageplade med bagepapir. Dup dejen flad med en spatel. Blandingen passer til en bradepande. Kom den i en forvarmet ovn på 140 grader i ca. 40 minutter. Tag knækbrødet ud og skær ud i skiver mens den endnu er blød. Sæt knækbrødet tilbage i ovnen til den er sprød. Kanterne kan evt. være tyndere, så tag dem ud først, så de ikke bliver brændt.

"Youth is not a time of life; It is a state of mind ... It is the freshness of the deep springs of life."

– Samuel Ullman

SUND ALDRING

Som ungt menneske og i fuld fart med livet, tænker du sikkert ikke så meget på din sundhed og alderdom. Men, jo før du begynder at tænke på en sund aldring, jo bedre for din krop og sind.

Når du begynder at tænke på din sundhed og måske senere din alderdom, så tænk på de følgende seks områder:

1. Søvn

2. Bevægelse

3. Ernæring

4. Sunde følelser

5. Meditation

6. Jordforbindelse

Søvn

En undersøgelse af søvn og hvordan man bedst udfører sit arbejde og daglige gøremål i 1993 af K. Enders Ericsson viste, at deltagerne klarede sig bedst med 8.36 timer daglig søvn fremfor de 6.51 timers søvn, som er normalen for mange mennesker. Tag din søvn alvorlig og prøv at få 8 – 9 timers søvn hver dag. Det er bedst at gå i seng og stå op på samme tid hver dag.

Bevægelse

Sørg for at være i bevægelse hele dagen. Har du et stillesiddende arbejde, så stå op eller gå lidt rundet hver time, hent evt. et glas vand. Bevægelse kan være alt fra en frisk gåtur, yoga, sport eller fitness. Går du i et fitnesscenter, så er de vigtigste redskaber romaskinen, ben-pres, skulder, arme og ryg styrkelse. Du kan også benytte håndvægte og squats eller yogastrækning. Find den sport og øvelser, som passer bedst til dig, og som gør dig glad.

Ernæring

Tilføj flere grøntsager i din kost. Du kan drikke dine grøntsager og frugt, hvis du har svært ved at spise mange rå grøntsager. Lad din morgenmad være flydende i form af en smoothie i løbet af ugen og nyd så din favorit morgenmad i weekenden. Udover grøntsager og frugt så tilføj nødder, frø eller superfood: proteinpulver, matcha, akai, spirolina, hvedegræs, hørfrø og andet til din smoothie, skift og prøv dig frem.

Sunde følelser

Gode forhold til familie og venner er vigtigt, men det er også vigtigt at du elsker dig selv, så du kan elske andre. Er en af dine nærmeste en energi sluger, så bemærk hvad der sker med dig efter, at du har haft en samtale eller været sammen med vedkommende. Bliver du træt, nedtrygt eller mærker, at din energi forsvinder, så undgå vedkomne, så du kan bevare dine sunde følelser og dit velvære.

Meditation

Der er mange former for meditation. Hvilken form du benytter, er ikke vigtigt, men det er vigtigt at du tager tid til stilhed og meditation hver dag. Meditation behøver kun at vare 5 - 10 minutter, helst på samme tid hver dag. Start dagen med f.eks. en taknemmelighedsmeditation. Senere på dagen kan du gå en tur i naturen eller en gående meditation efter arbejde, hvor du går frem og tilbage med langsomme skridt og mærker kroppen i 5 – 10 minutter.

At have jordforbindelse er så simpelt, som at gå barfodet sommer og vinter, ude og inde. Gå barfodet i græsset eller i sandet på en strand om sommeren. Gå også barfodet derhjemme i stuerne og når du sidder, så smid skoende og mærk hvordan fødderne har jordforbindelse.

Øvelse: Bevægelse

Gå, jog, løb, cykel eller dans 20 – 30 minutter i løbet af ugen. Formålet er at være i konstant bevægelse i de 20 – 30 minutter. Gå en rask tur i naturen, tag cyklen på arbejde eller bare en cykeltur. Dans rundt i stuen til din favorit musik eller til en dansemeditation: Mindfulness Moving Records, MMRx01. Fønix Musik. www. mindfulness-moving.com.

Øvelse: Få pulsen op

Har du trapper derhjemme, ude eller inde, så løb op og ned ad trapperne i 40 – 60 sekunder. Har du ikke trapper så find et sted, hvor der er trapper eller et eller andet, som du kan step op og ned på i 40 – 60 sekunder. Du kan også finde 10 minutters fitness på nettet. 10 minutters langsomme øvelser giver mere styrke for din krop end længere tid i et fitnesscenter.

Tag sjippetovet frem og sjip så længe du orker.

Du vil opdage at med bare 20 – 30 minutters bevægelse og 5 - 10 minutters meditation hver dag, at du vil få mere energi.

Yoga

Kropsholdingen påvirker sindet, og yoga er en god måde at bevare kontakten til kroppen på. Yoga forbedrer styrke og fleksibilitet i hele kroppen og skaber balance mellem krop og sind.

Mindfulness er vejen til indre ro og balance og modvirker angst, depression og stress. Mindfulness er en måde at leve livet på og giver styrket sundhed og immunforsvar. Du kommer til at leve mere intens i nuet og mindre i fortidens ærgrelser og fremtidens bekymringer. Med daglige mindfulness øvelser bliver du bedre til at håndtere kriser og uventede situationer.

Tid til træning

- Inden du står op; tjek din vejrtrækning

- Start dagen med et glas varm citronte

- Giv dig tid til stilhed/ meditation i løbet af dagen

- Praktiser L.O.V.E. principperne i din hverdag

- Sørg for frisk luft hver dag

- Tænk på de seks områder for en sund aldring

MIN HISTORIE

Selvom jeg har boet 20 år i landet, hvor man kan købe "Fast Food" på enhver gadehjørne, så er det aldrig noget, som jeg er faldet for. "Fast Food" var noget, som vi fik, når vi var på en "Road Trip," og den lille sult meldte sig. Allerede da jeg var i tyverne, begyndte jeg at interessere mig for "det grønne blad" og grøntsagernes betydning for vores ernæring og velbefindende. Den viden ligger dybt i mig, så ingen måltid uden grøntsager. Jeg begyndte også med at juice mine grøntsager inden jeg flyttede til Californien i 1987.

Efter min skilsmisse i 1997 var der ikke mange penge til hverken mad eller andet, så det var svært at købe så mange grøntsager, som jeg plejede at spise. En weekend, hvor børnene var hos mig, havde jeg simpelthen ingen mad i huset, (der var tre ting, men ikke nok til et måltid) og jeg vidste ikke hvad jeg skulle give børnene til aftensmad og i hele weekenden. Jeg havde ingen familie eller venner i nærheden, som jeg kunne bede om hjælp. Men, jeg var begyndt at gå til møder i en støtte gruppe for kvinder, som var udsat for en vanskelig og langvarig skilsmisse. Min søn sad i sengen og læste, og min datter legede med hendes Barbie dukker i badekarret. I min frustration og bekymring ringede jeg til lederen af støttegruppen. Jeg var nervøs og ikke vandt til at spørge fremmede om hjælp. Hun var imødekommende og venlig. Hun fortalte at hendes garagen var fuld af mad, og at jeg kunne komme med det samme og hente, hvad jeg havde brug for. Jeg fik børnene i tøjet og ud i bilen, og fortalte dem at vi skulle ud at hente mad til aftensmaden. Ganske rigtig, garagen var fyldt op med madvarer på hylder og i fryser. Børnene fik lov til at vælge lige hvad de gerne ville have til morgenmad og andet. De var vilde af begejstring for at få lov til at vælge, lige hvad de mente var godt for dem. Jeg udvalgte nogle frostvarer og lidt grøntsager, som det var sparsomt med og lidt drikkevarer. Lederen fortalte, at hun fik doneret madvarer fra forskellige supermarkeder hver uge. Jeg havde godt bemærket, at der altid var mælk, brød og andre friske madvarer, som vi kunne tage efter behov, ved hvert møde.

Nogle år senere, efter beskyldningerne for kidnapning af mine børn, og jeg var kommet tilbage til Californien, med udenrigsministeriets hjælp i 2000, var situationen til tider endnu være. Jeg havde svært ved at få et job fordi jeg havde en straffesag (grundet beskyldning for kidnapning) hængende og de store butikskæder og firmaer tjekkede altid om man havde en straffesag uanset hvad, så blev man ikke ansat. Min økonomisk redning, var at begynde på college, som var gratis for mig, og jeg fik "financial-aid" og scholarships (svarende til SU).

I disse perioder var det svært at overholde den grønne linje med mange friske grøntsager. Jeg havde lært at bede om hjælp i nødsituationer, så jeg har prøvet at stå i kø ved kirker, og "food banks," som uddelte madvarer til trængende. Det var for alle uanset om man havde lidt arbejde, hjemløs, enlig forsørger eller, som jeg der var under uddannelse. Jeg fandt ud af, at man behøvede ikke at sulte i Californien, der var altid et sted, hvor man kunne få mad i nødsituationer selv om det ikke var det mest sundest og ernæringsrige, så var det mad.

Som regel var det færdigpakket kasser eller poser med mad, og der var ofte konserves dåsemad. Da jeg ikke kunne få mig selv til at spise dåsemad eller give det til mine børn, så satte jeg dåserne i vaskehuset til fri afbenyttelse.

Jeg begyndte også at tage på i vægt i de år, ikke kun på grund af maden, men ligeså meget på grund af stress. Jeg holdt ud i 6½ år, så flyttede jeg til Danmark, grundet degraderende helbred. Et ophold som skulle være midlertidig for at færdiggøre min uddannelse.

I Danmark begyndte jeg med grøntsagerne igen og kun lidt kød, som før min skilsmisse. I dag spiser jeg ikke mad med gluten, hovedsagelig produkter med hvede. Mælkeprodukter er ligeledes blevet udskiftet med mandel, havre og kokosmælk og kokosyoghurt, når jeg er i Californien. Ost, som jeg ellers elsker, er sparsomt. Jeg har aldrig haft hang til sødesager eller sodavand, og jeg ser efter om der er fruktose i madvaren, så lader jeg den ligge.

Efter et fald på gaden og nogle år efter ned af min trappe hvor det gik ud over skulderne, som så senere bl.a. har udviklet sig til gigt, har jeg nu daglig smerter mere eller mindre. Men da jeg ikke vil tage unødige smertestillende piller eller have anden form for steroider i min krop, så benytter jeg mindfulness med at gå ind i smerten. Jeg juicer bleg selleri, drikker gurkemeje og salvie te. I det hele tagen bruger jeg meget gurkemeje, ingefær og ananas i min mad og undgår sukker, brød og kartofler for gigt smerter.

Jeg har accepteret min overvægt, at min krop er som den er lige nu. Det har bevirket at jeg er begyndt at tabe mig langsomt, men vedvarende. Jeg ved at jeg stadig har noget fra fortiden, som jeg må give slip på, men i dag har jeg det bedre med min sundhed og velvære, både fysisk og psykisk end jeg havde da jeg kom til Danmark i 2007.

SINDET
5

"Vi er alle sammen ens, sådan at forstå, at vores primære mål i livet er at være lykkelige og undgå lidelse."

– Dalai Lama

SINDET

Hvad er sjælen?

- Vores naturlige tilstand

- Et rent potentiale

- Varme, ro og fuldstændig velvære i kroppen

- Den åndelige essens af et menneske

- Ren væren eller nærvær

- Ren bevidsthed

- Evnen til at være fuldt til stede i nuet

- Vores substans eller egentlig kerne

- Grundlæggende kvaliteter som styrke, mod og kærlighed

- En indre viden

Kontakt med sjælen giver:

- Et naturligt selvværd

- En åben nysgerrighed

- Ingen blivende interesse i fortid og fremtid

- Fuld tilstedeværelse i nuet

- En følelse af meningsfuldhed

- En følelse af inspiration og entusiasme

- Uafhængighed og integritet

- Enorm selvtillid

- Dyb glæde

- Frihed for angst

Øvelse: Sandet i vandet

Sindet er som hvirvlende sand.

Fyld en flaske med lidt sand og vand.

Sandet er den indre dialog, og vandet er din bevidsthed.

Tag flasken og ryst den. Sandet hvirvler rundt som tanker og følelser i vandet.

Vandet grumser til og bliver ugennemsigtig. Sandet fylder billedet, og du ser ikke vandet. Hvis du forsøger at løse problemet ved at ryste flasken endnu mere eller ved at rode i sandet, skaber du blot endnu mere uklarhed og røre. Tanker og følelser falder ikke til ro, så længe du nærer dem med opmærksomhed og energi.

Nøjes du derimod med at iagttage flaskens indhold roligt og uden engagement, falder sandet efterhånden til ro på bunden af flasken. Vandet bliver mere og mere klart, og du indser, at vandet eksisterer som ramme om sandet.

Meditation er at acceptere sandet eller tankerne uden at gribe ind. Denne neutrale opmærksomhed får sandet til at falde til bunds, og tanker og følelser til at falde til ro. Klarheden i vandet og kontakten med sjælen indfinder sig nu.

Nybegynderens sind

Evnen til at se de små ting i hverdagen betyder meget – Et sind der er villig til at se alt, som var det første gang.

Eks.: At se på stjernehimlen, eller virkelig lytte til et andet menneske. Når du går tur så prøv at se på træer, planter og blomster, som var det første gang – lyt til fuglene, en rislende vandløb, vinden i træerne…

Prøv at se dine nærmeste med friske øjne, som vedkommende virkelig er eller ser du personen gennem dine egne tanker og refleksioner –

PRØV AT ØVE PÅ DINE BØRN, MAND, ARBEJDS KOLLEGAER – og se hvad der sker.

"Renewal requires opening yourself up to new ways of thinking and feeling."

— Dalai Lama

LEV-VEL BLOMSTEN

I det følgende vil vi udforske sindet eller vores bevidsthed med Lev-Vel blomstens fem elementer, visualisering og bekræftelser.

Det er kun os selv og ingen andre, der kan vide hvad vores formål med livet er, derfor lyt ikke til andres meninger eller "gode råd," men lyt til din egen indre viden.

Hvor er du I livet lige nu?

Skriv det ned her eller i din notesbog, vær ærlig overfor dig selv.

_____

_____

_____

Tænk på hvor du var for 10 år siden. Hvad har du opnået? Hvad kan du gøre anderledes nu for at opnå det, som du ønsker?

_____

_____

_____

Læs, hvad du har skrevet om, hvor du er om et år (første del), og skriv det her.

_____

_____

_____

Hvor vil du gerne bevæge dig hen?

- Hvad vil du gerne gøre i dit liv – Hvad er du rigtig god til?

- Hvad vil du gerne blive god til?

- Hvad har været din sværeste livsoplevelse/læring?

- Hvad er din passion, hvad er det, som du ikke kan vente med at fuldføre?

Stil dig selv følgende spørgsmål:

Hvem er jeg?

_____

_____

_____

Hvad ønsker jeg?

_____

_____

_____

Hvad ved jeg? En oplevelse eller læring.

_____

_____

_____

Hvordan kan jeg give service til andre?

_____

_____

_____

Klarhed over dine ønsker

Vær helt klar over, hvad du ønsker. Hvorfor ønsker du netop det. Hvordan vil det føles. Fokusere på hvad du ønsker.

Tænk altid på hvordan, det du ønsker, også kan hjælpe andre mennesker. Hvad det kan give til andre.

Når du tænker på, hvad du ønsker, så …

* Føl det i dit hjerte …

* Føl det, som om du allerede har det …

* Hvad siger din indre stemme?

* Se dine tanker udefra …

* Hvordan lyder de?

* Gå med tankens retning …

* Modtag det nu!

Hvad ønsker du om tre år?

Skriv nu klart og tydeligt, hvad ønsker du at have oplevet, hvad vil du gerne have opnået eller hvad vil du gerne have om tre år. Skriv derefter hvorfor du ønseker netop dette.

_____

_____

_____

_____

Lev-Vel blomsten

Lev-Vel blomsten består af fem blade, som hver symboliserer fem områder i livet.

- Relationer: Kærlighed, familie, venner og socialt

- Sundhed & Vitalitet: Bevægelse, ernæring, fysisk, psykisk og mentalt

- Kald & Passion: Job, karriere, frivilligt arbejde, sociale og private interesser

- Velstand: Bolig, rejser, frihed, donationer

- Spirituel: Meditation, bøn, tilgivelse, give og modtage

Inden du udfylder Lev-Vel blomsten, så har du måske brug for en pause. Gå en tur, mediter, drik et glas vand eller urtete i stilhed inden du går videre...

LEV-VEL BLOMSTEN

Når du har udfyldt Lev-Vel blomsten (skriv det i din notesbog), så rate hvert område på en skala fra 1 - 5. 5 er hvor alt er perfekt, som du gerne vil have det, 1 er hvor der er mangler, måske er du slet ikke begyndt at arbejde med det område. Hvilket område ønsker du mest at ændre? Udvælg nu den eller de områder, som du har givet lavest score. Du kan altid gå tilbage og arbejde med de andre områder senere, så du får balance i alle områder.

Mange mennesker tænker ikke på at vores tanker og det vi fokuserer på, har stor indflydelse på vores helbred og hvordan vores liv forløber sig. Lev-Vel blomsten giver dig et overblik til at rette fokus på de forskellige livs områder, og hvilke drømme du gerne vil realisere i dit liv.

"The secret to living the life of your dreams is to start living the life of your dreams today, in every little way you possible can."

–Mike Dooley

AFFIRMATIONER

En affirmation eller bekræftelse er en simpel, skarp, klar sætning, som du siger om og om igen indtil du tror på den. Når du tror på din affirmation, så vil du se, at det dukker op i din virkelighed.

En affirmation er i virkeligheden kun en tanke, og en tanke kan ændres. Når du siger din affirmation, så udtal den ALTID i nutid: "Jeg er…" eller "Jeg har…"

Livets strikte regel er: Du får mere af det, som du fokusere på (dine tanker, bekræftelser, og det som du tror på). Med andre ord, det som vi sender ud, får vi mere af - positivt eller negativt. Det gælder også når du siger noget til eller om andre mennesker – så er det sendt ud i universet.

Opmærksomhed er magt!

Fokusere på hvem du er i hjertet.

Du tiltrækker, hvad du fokuserer på, så det er bedst, at du er opmærksom på, hvem du er og hvad du virkelig værdsætter. Ellers få du masser af det, som holder dig tilbage.

Vær opmærksom på dine følelser, hvordan er dine følelser lige nu?

Ret dig op og tag nogle dybe åndedrag, slap af i kroppen og mærk dine følelser, hvad fortæller de dig lige nu?

119

Mange af vores negative overbevisninger, som vi tror på om os selv, er ofte andres meninger, som vi har med os i underbevidstheden helt tilbage fra barndommen. En stor del af selv-accept er at give slip på andre menneskers meninger.

Negative overbevisninger

Se på følgende negative overbevisninger, er der nogle af disse holdninger og idéer, som du har med dig, som hindre dig i at komme fremad, og som du vil være bedre tjent med at smide i skraldespanden? Har du selvdestruktive overbevisninger, som afholder dig fra at gøre ting ved egen power:

- Jeg er for gammel til at lære nyt

- Det er for sent; der er ikke noget at gøre nu

- Ingen forstår mig og mine problemer

- Jeg har prøvet alt – der er ingenting, der dur

- Jeg gør aldrig noget rigtig

- Det nytter ikke noget

- Jeg har altid gjort tingene på den her måde. Det vil jeg ikke lave om på

- Jeg må arbejde hårdt for pengene

- Du skal ikke tro, at du er noget

- Der er aldrig nok af noget

- De rige har mange glæder

- Penge vokser ikke på træer

Identificer dine begrænsede overbevisninger

Nøglen til at finde ud af om du har begrænsede overbevisninger, er ved at tænke på noget som du gør eller siger gentagende gange, måske over flere år, måned efter måned. Hvad kæmper du med i dit liv lige nu? Ting som du gerne vil have i dit liv, men må kæmpe for at opnå det? Måske er der begrænsede overbevisninger, som du skal se nærmere på, og arbejde på at få det ændret.

Øvelse:

Ud fra "Lev-Vel blomsten" udvælger du 2-3 kategorier, som du vælger at arbejde med. Spørg dig selv: 1. Er jer klar over, hvad jeg ønsker? 2. Er jeg specifik? Skriv nogle affirmationer/ bekræftelser i nutid. Husk at det skal være et skarpt, simpelt og klart ønske. Brain storm til du har fået alt det med, som du ønsker indenfor de kategorier, som du vil arbejde med nu.

Derefter, vælger du 1-2 bekræftelser fra hver kategori og skriver dem ned i din notesbog 10-20 gange om dagen i 30 dage. Læs dem højt med begejstring, syng dem, sig dem højt hele dagen, gør det sjovt! At grine forstærker ønsket.

Små korte bekræftelser kan du skrive på en post-it-note, og hænge dem op, der hvor du vil se dem hver dag. Sig bekræftelserne højt hver gang du ser dem.

Eksempler på korte bekræftelser:

- Jeg er i gang med positive forandringer

- Jeg har et dejligt hjem

- Jeg skaber nu et pragtfuldt nyt job

- Jeg elsker og acceptere mig selv, som jeg er

- Jeg er fuldstændig rask

- Jeg er glad, lykkelig og fri

- Jeg er min egen personlighed

- Jeg er i et godt og kærligt forhold

- Jeg flytter nu til et bedre sted

- Jeg er levende og ungdommelig

- Jeg klarerer mig godt

- Jeg er god nok

- Jeg fortjener det bedste

- Jeg er glad for min krop

- Jeg har masser af venner

- Jeg er åben og modtagelig for nye indtægts muligheder

- Mine største drømme er virkelighed

- Min chef er gavmild og nem at arbejde for

- Jeg har et overskud af penge til at spare og til at dele med andre

- Vand er min yndlingsdrik

- Jeg danser gennem livet

- Jeg velsigner min mad med kærlighed

- Jeg er sundere end jeg nogensinde har været

- Mit arbejde er livsbekræftende og tilfredsstillende

- Det er en fornøjelse at gå på arbejde

- Jeg bliver værdsat for mit arbejde

- Jeg opdager talenter, som jeg ikke vidste jeg havde

- Jeg skaber positive forandringer i mit liv

- Jeg træffer sunde valg

- Jeg respekterer mig selv

- Jeg har en sund alderdom, fordi jeg altid tager mig kærligt af min krop

- Mine tilfredse tanker hjælper mig med at skabe min sunde krop

- Jeg trækker vejret dybt og helt

- Jeg ånder livskraft ind og føler mig næret

- Jeg vender tilbage til livets grundlæggende principper: tilgivelse, mod, taknemmelighed, kærlighed og humor

- Jeg er åben og modtagelig for alt det gode og for universets overflod

- Jeg er værdsat

- Jeg er nok

- Jeg er helt perfekt, som jeg er

- Jeg er en god og kærlig datter og mor

- Mor gjorde/gør, hvad hun kunne/kan

- Jeg er okay, jeg accepterer, hvor jeg er nu

- Jeg får det bedste ud af mit liv

- Jeg kunne ikke være der …

- Jeg tilgiver mig selv

- Jeg er taknemmelig og kærlig

- Jeg giver slip

- Jeg er glad og lykke for mit liv

- Jeg er succesfuld

- Jeg er i balance

- Jeg har en indre power til at overkomme alt negativitet om mig selv

- Jeg tænker positivt om mig selv og andre

- Jeg kan lide den person, som jeg er ved at blive

- Jeg kan lide den person, som jeg ser i spejlet

- Jeg er fuld af energi

- Jeg er styrke

- Jeg er elsket

"We think so often that we are helpless, but we're not. We always have the power of our minds ... Claim and consciously use your Power."

– Louise L. Hay

VISUALISERING

Visualisering er et af de mest magtfulde øvelser du kan gøre for dit sind. I henhold til den populære bog og film The Secret, "Loven om tiltrækning danner hele din livserfaring gennem dine tanker. Når du visualiserer, sender du en kraftfuld frekvens ud til universet." Om du tror på det eller ej, så ved man at visualisering virker.

Sådan virker visualisering

Med positiv visualisering fokuseres der på det fremadrettede, positive og ressource-orienterede i din psyke. Glædes hormonerne seretonin og dopamin udløses, der giver dig følelsen af velvære og tilfredshed. Den del af hjernen, der har med lykke at gøre vokser, mens aktiviteten i den del af hjernen, der har med stress, alarmberedskab og kamp/flugt at gøre mindskes.

Brug kun positive ord i dine visualiseringer, affirmationer og mantraer. Underbevidstheden er meget simpelt indrettet, så den hører det, der bliver sagt. Eks.: Du vil gerne føle dig rig og siger: " Jeg ønsker ikke længere at være fattig," så vil underbevidstheden opfatte ordet fattig, som du forstærker i dit sind og sender det ud i universet. Tal-tænk-skriv ALTID i nutid, som om det allerede er en realitet. Føl her og nu, det som du ønsker og det vil skabe din virkelighed.

At visualisere betyder, at man holder et billede af et mål eller bestemmelsessted i ens sind før den er foretaget, for at fremme succes. At visualisere succes kan være et livsmål, eller det kan være at visualisere frihed for smerte i krop og sind.

Det er dine ord, tanker og følelser, som fremadrettet bliver til ting i din virkelighed!

Øvelse:

List 10 ord/ting, som du gerne vil opnå i din visualisering. Del dem med andre, (det forstærker dit mål), men kun med mennesker, som vil dig det godt.

Udvælg tre ord til din visualisering.

Retningslinje for daglig visualisering:

- Visualisere kun en gang om dagen

- Visualiser ikke længere end 5-10 minutter (længere tid bliver det til dagdrømme)

- Se, hør og føl hvert billede i detaljer

- Sæt følelser på din visualisering, specielt lykke og glæde

- Sæt dig selv i billedet, hvor er du, sammen med nogen, inde eller ude, osv.

- Gå direkte til dit endelig mål og fremadrettet

Visualiseringsøvelse:

Afsæt 5-10 minutter, hvor du ikke bliver forstyrret til at visualisere. Sæt dig i en behagelig stilling eller læg dig på ryggen. Tag tre dybe indåndinger og giv dig selv lov til at slappe mere og mere af i kroppen ved hver udånding. Tænk nu på de tre ord, som du har skrevet ned, mærk dem i krop og sind. Hvordan føles det? Lad din visualisering være så konkret og detaljeret som muligt, gå direkte til dit mål og sæt følelser på billedet, se dig selv i billedet.

Brug kun din fantasi-power for dig selv, og det gode for mennesker. Brug det aldrig for at få noget som tilhørere andre. Vær sikker på, at det som du kreerer,

126

er noget godt for alle, som er involveret i din visualisering, og at det ikke er ødelæggende for miljøet.

Nogle gange kan din visualisering sket pludseligt, for det meste sker det i en naturlig og gradvis måde, en ting føre til en anden ting.

Vær opmærksom på de tanker, som du tænker. Gør dit bedste for at afvise negative tanker. Tillad kun tanker, som bringer gode, glade og positive resultater.

Gentag dine visualiseringer ofte med tro og opmærksomhed, og din underbevidsthed vil acceptere disse mentale scener som værende virkelige oplevelser. Dit ubeviste sind skelner ikke mellem virkelige og imaginære oplevelser, men begge som virkelige. Den vil begynde at gøre ændringer og tiltrække muligheder, for at matche din virkelighed med dit billede i dit ubevidste sind.

Guideline til kreativ visualisering

- Vær fuldstændig klar på, hvad det er, som du ønsker

- Hvorfor er det, at du ønsker netop det

- Visualiser dit mål, det som du vil have opfyldt

- Føl dit mål, det giver energi

- Genkend og giv slip på dine begrænsede overbevisninger

- Føl hvordan det vil være at have/opleve det som du ønsker

- Skriv det ned

- Se på det du har skrevet hver dag

- Lav en vision board

"Imagination is everything. It is the preview of life´s coming attractions.

– Albert Einstein

VISION BOARD

Hemmeligheden ved at kreere en vision board som virker er, at din vision board skal fokusere på, hvordan du ønsker at føle, og ikke kun på ting som du ønsker. Det er okay også at inkludere nogle materielle ting. Imidlertid, jo mere din vision board fokuser på hvordan du ønsker at føle, jo mere vil det komme til live.

Hvordan skal en vision board se ud?

Der er ingen regler for, hvordan du kreerer din vision board. Tænk først på hvad dit mål er i følgende områder: Kærlighedsforhold, forhold til familie og venner, karriere og økonomi, interesser, hjem, rejser, socialt liv, sundhed og velvære, lykke og glæde. Tænk på de fem områder i din Lev-Vel blomst. Det som du fokuser på vil udvide sig, og formålet med din vision board er at bringe alt til live.

Hvad du har brug for:

Alt kan benyttes, hvis det er første gang så start med et stykke karton, hvor du laver en collage med udklip fra blade, citater eller billeder. Du kan også printe billeder ud fra internettet. Vær kreativ og lav det pænt, du ønsker ikke kaos i dit liv.

- Find billeder som repræsenter dit ønske, oplevelse, ejendele og følelsen, som du vil tiltrække til dit liv.

- Inkludere symboler og billederne af dig selv.

- Postere affirmationer, inspirations ord, citater og tanker.

- Skriv eller print ord, som gør dig glad. Hold det pænt.

- Lav eventuelt en vision board for din karriere eller kald og en for personlige mål.

- Forny eller tilføj løbende.

Øvelse:

Sæt stemningen og tid af til at kreere din vision board. Sluk for tv og sæt noget afslappende musik på. Du kan evt. invitere din familie eller venner til en kreativ hyggeaften.

Tid til træning:

- Vær opmærksom på dine tanker og følelser

- Skriv affirmationer og sig dem dagligt

- Øv dig i at visualisere dine ønsker

- Lav en vision board

- Gør det til en sjov ting, smil og grin af dit visionsprojekt

MIN HISTORIE

Der findes mange forskellige udgaver af en "Wellness Wheel," med flere forskellige områder. Ideen til LEV-VEL Blomsten udspringer fra de fem hovedområder, som berører os gennem hele livet. De fem blade er en fiktiv blomst, inspireret af min yndlingsblomst, Hibiscus også kaldet Hawaii blomst. Min søn har så tegnet blomsten ud fra min ide.

Jeg benytter LEV-VEL Blomsten i mange sammenhænge. Om morgenen gennemgår jeg de fem elementer i tankerne, mens jeg udtrykker taknemmelighed for et eller andet i hvert område. Min vision-board tager udgangspunkt i LEV-VEL Blomstens fem elementer. Billeder og skrift bliver tilføjet eller udskiftet fra tid til anden, så det passer til mit liv lige nu, og den hænger, så jeg ser den hver dag.

De øvelser, som jeg har beskrevet her i afsnittet om Sindet, virker for mig, hvordan kan jeg ikke forklare, sådan er det bare. Nogle af øvelserne har jeg lært fra mine mentorer (se inspirationskilder), andre øvelser, igennem hele bogen, har jeg selv udviklet.

For et års tid siden, havde jeg brug for en ny bolig. Jeg skulle fraflytte den bolig, som jeg lejde og jeg havde kun en måneds tid til at finde en lejlighed. Jeg havde søgt længe, men de boliger, som passede til min økonomi, gik hurtig til anden side. En dag nedskrev jeg nogle ønsker til, hvad min nye bolig skulle have. Jeg havde seks specifikke ønsker, og nederst skrev jeg: "Eller noget, som er bedre." Samtidig sagde jeg mit favoritmantra "Et taknemmeligt hjerte er en magnet for mirakler" i løbet af dagen. Jeg var åben for nye områder at flytte til på Sjælland og kort tid efter fandt jeg en lejlighed, som jeg fik en aftale om at se. Inden jeg tog hen for at se lejligheden, tænkte jeg at jeg lige ville gå på nettet og se om der skulle være andre ledige lejligheder i det område. En lejlighed poppede op og jeg ringede straks til udlejeren. Hun var ikke sikker på om lejligheden stadig var ledig, for det var populære lejligheder med lang ventetid. Lejligheden var ledig, og jeg fik til slutningen af ugen til at få en aftale med at se lejligheden.

Jeg tog min moster med for at se lejligheden, da det ikke var lige i nærheden, af det område hvor jeg boede, så vi fik en udflugtstur ud af dagen. Da vi ankom til stedet, blev jeg glædelig overrasket over, at det var i nærheden af vand, ovenikøbet i gåafstand. Jeg har boet i nærheden af vand det meste af mit liv, og jeg kan godt lide at gå lange ture i vandkanten, det giver mig ny energi. Næste overraskelse var at lejligheden er i to etager, en anden ting, som jeg godt kan lide ved en bolig. Jeg kikkede rundt i lejligheden og glædede mig over den pragtfulde udsigt fra første sal, en udsigt jeg nu kan nyde hver dag. De seks ønsker blev opfyldt, og noget som er bedrer, er vandet og udsigten fra første sal. Jeg så også den anden lejlighed, men der var ingen sammenligning. Det mest mærkværdige er, at en af mine naboer, som nu er min gåturs partner, også så på den anden lejlighed, men besluttede at blive boende her på stedet.

Nogle gange går ønskerne hurtigt i opfyldelse , som med min nye lejlighed. Til andre tider sker der noget, små mirakler, som er en del af et specifikt ønske.

SPIRITUELT
6

*"Spiritual energy flows in and produces effects,
psychological or material, within the phenomenal world."*

– William James

DEN INDRE POWER

Fra tid til anden bør vi minde os selv om den ældgammel visdom, at vi ikke eksistere i kroppen og sige til os selv: "Jeg er ikke min krop." Kroppen ændrer sig hele tiden. I fysisk forstand ændrer vi os hele tiden til en ny person hver syvende år. Men det virkelige "jeg" – bevidstheden og sindet – forbliver uændret. Det betyder ikke noget, hvad du kalder det; sjæl, ånd eller noget helt andet. I menneskelig forstand personificeres det virkelige "jeg" ved den livskraft – den indre power – der er kendt af civilisationer over hele verden.

Ligesom kroppen hele tiden ændrer sig, må vi også give slip på gamle hændelser, som holder os fanget i fortidens skygge. Alt hvad du behøver er at acceptere det skete, tilgive og så give slip på ALT. Det er vigtigt, at du tilgiver dig selv og andre. Uden tilgivelse, vil dårlige ting blive ved med at dukke op i dit liv. Alle former for helbredelse sker ved frigørelse fra fortiden. Sundhed er indre fred.

Lyt til dit hjerte

Dit hjerte blev dannet før din hjerne og egoet. Lyt til hvad dit hjerte fortæller dig, dit hjerte vil altid vide det bedste for dig at gøre i enhver situation.

Tænk med dit hjerte

*   Følg dit hjerte

*   Lyt til dit hjerte

*   Tænk i dit hjerte

*   Vid i dit hjerte

*   Gå hvor dit hjerte fører dig

*   Giv dit hjerte lov til at guide dig

Øvelse: Lyt til dit hjerte

Kontakt dit hjerte ved at holde hånden på hjertet. Du kan også trykke to finger på hjertecentret eller hold begge hænder i "prayer" på hjertet. Ved at holde hænderne på hjertet vil du automatisk fokusere dine tanker på hjertet. Bemærk at dit åndedræt bliver langsommere og roligere. Du kan nu stille dit hjerte et spørgsmål. Lyt og dit hjerte vil svare dig.

Måske skal du øve dig nogle gange ...

"Gud, giv mig nåde til at acceptere de ting, som ikke kan ændres. Mod til at ændre de ting, som bør ændres. Og visdom til at skelne de to fra hinanden."

Reinhold Niebuhr 1892-1971

ACCEPTERE

Selvaccept

Selvaccept og selvværdsfølelse her og nu er nøglen til positive forandringer på alle områder i vores liv. En del af selvaccept er at frigive andre menneskers meninger. Megen af de ting som vi har valgt at tro på om os selv har intet at gøre med sandheden. Næsten alt hvad vi tror på, både det negative og positive, har vi taget med os fra vi var et helt lille barn. Alle vores senere oplevelser, skyldes det vi accepterede og troede om os selv og om livet på den tid. Den måde vi blev behandlet på da vi var meget små, er som regel den måde, vi behandler os selv på nu. At elske sig selv begynder med aldrig nogensinde at kritisere sig selv for noget som helst.

Når vi virkelig elsker, acceptere og anerkender os selv fuldstændig som vi er, så fungerer alt i vores liv. Så sker der små mirakler hele tiden. Vores helbred bliver bedre, vi tiltrækker flere penge, vores forhold til andre bliver mere tilfredsstillende, og vi begynder at udtrykke os selv kreativt på alle måder. At dette tilsyneladende helt af sig selv.

Flyd med de ændringer, der foregår i dit liv, så godt som du kan. Anerkend dig selv og den måde, du forandrer dig på. Gør det så godt, som du kan. For hver dag bliver det lettere!

Mindfulness

En af grundprincipperne i mindfulness er at tage "hvert øjeblik," som det kommer og acceptere det, som det er. Når du mediterer, så accepterer hvad der sker i kroppen, de følelser som du oplever og ord som dukker op. Hvis ikke der sker noget, så accepterer det - prøv ikke på at frembringe noget, vær stille og bliv i nuet, øjeblik efter øjeblik.

Trin til accept

*   Acceptere dig selv

*   Skift perspektiv

*   Slip de forliste drømme

*   Tag smerten ind

*   Omfavn hele dit liv

*   Pas på dig selv

Se tingene klart, som de er... Giv dig selv venlighed og medfølelse.

Øvelse: Skriv affirmationer

Er der noget fra din fortid, som du har brug for at acceptere, men som kan være svært for dig, så skriv affirmationer/ bekræftelser om det og sig affirmationerne højt eller skriv dem gentagende i din notesbog.

Eks: Jeg accepterer og bruger min egen styrke.

Jeg accepterer at sådan var det, og jeg giver slip.

Acceptere det som er svært

De store ting:

- Skilsmisse

- Børns problemer

- Bristede drømme

- Barnløshed

- Livsledsager

- Ubehagelige minder fra fortiden

- Sygdom

- Mistet arbejde

- Misbrug

- Ramt af angst, depression, stress eller andet psykisk

- Familie konflikter

- Økonomiske problemer

- Adskillelse fra dine elskede

- Egne og andres handlinger

Øvelse: Meditation

Sæt dig roligt ned, luk øjnene, tag nogle dybe indåndinger og lad din krop og sind slappe af.

Forestil dig nu at du er i et mørkt teater og ser op mod scenen. Se på scenen nu det menneske, som du har vrede eller bitterhed mod, og svært ved at acceptere vedkommendes handlinger. Det kan være en person fra fortiden eller nutiden, levende eller død. Når du ser personen tydeligt, så forestil dig, hvordan gode ting sker med personen. Ting som vil være betydningsfuld for vedkommende. Se personen smile og være lykkelig.

Hold fast i dette billede i nogle minutter og giv så slip.

Når personen forlader scenen, så stil dig selv derop. Se gode ting for dig. Se dig selv smile og være lykkelig. Vær klar over at Universets overflod er for alle.

Kom langsomt tilbage til nuet.

Denne øvelse kan opløse mørke skyer fra fortiden, som du bærer rundt på. Udfør øvelsen hver dag, så længe, som du har behov, og læg mærke til, hvor meget lettere du føler dig.

Vær god ved dig selv – Begynd at elske og acceptere dig selv!

Call for Joy

When the ego was made, God placed in the mind the "Call for Joy." This call is so strong, that the ego always dissolves at its sound.

– A Course in Miracles

Accepterende

Det meditative synspunkt er, at kun ved at – acceptere nuets virkelighed – uanset hvor smertefuld, skræmmende eller u-ønskværdigt den måtte være, kan forandring, udvikling og healing ske. Man skal blot gøre vejen for at få den til at – "folde sig ud og blomstre."

Tag 'HVERT ØJEBLIK' som det kommer og acceptere det, se det tydeligt som det er, og give slip på det.

Nærvær kræver ikke andet end, at vi er opmærksomme og ser tingene, som de er. – VI ER ALTSÅ IKKE NØDT TIL AT ÆNDRE NOGET – og healing kræver modtagelighed og accept og evnen, til at være åben over for helheden, og for at skabe forbindelse til andre mennesker og til selve livet.

Accept betyder at anerkende uden betingelser, ikke at godkende eller at kunne lide. Accept som grundholdning er villighed til med alle sanser at opfatte øjeblikket fuldstændigt, som det er, uden at vurdere eller dømme. Ubehagelige begivenheder er en væsentlig del af livet, som forårsager forskellige grader af følelsesladet eller fysiske smerter. At anerkende en smerte er en forudsætning for at tage sig af smerten og at slippe unødige bekymringer.

Når vi accepterer og møder smerten, taber den styrke, og vi lider mindre. Når vi formår at anerkende en smerte, kan vi måske anerkende modstanden mod den.

Accept

Det var i begyndelsen uvirkelig og uforståelig,

hvad der foregik omkring mig

hvad der blev sagt om mig, og virkeligheden af det skete.

Hvad andre sagde, gjorde og, hvad det medførte var meget
uforståelig.

Jeg har været meget vred over det skete

magtesløs og frustreret over andres handlinger…

som har medført et stort savn, adskillelse, nedtrykthed,
angst og depression.

En konstant stresset og ukontrollerbar tilværelse.

Sorgen har til tider været ubærlig, smertefuld og
tårevældende.

Kroppen har været rystet, sindet ramt og ude af balance til
at finde ro og hvile.

Ensomheden, ulidelig…

Kampen for overlevelse og udholdenhed føltes endeløs.

Anerkendelsen og at acceptere det skete løftede den tunge
byrde fra krop og sind.

Livgivende lys og troen på fremtiden, hvad den end må
bringe.

Nuet, og livet er her lige nu… Jeg har ikke glemt det skete,
savnet mærkes stadig

men jeg har accepteret, at sådan var det… Og, hvad så nu?

Merethe M. Shenon/2012

"Det er bydende nødvendigt for vores helbredelse, at vi giver slip på fortiden og tilgiver alle!"

– Louise L. Hay

TILGIV OG GIV SLIP

For at kunne give slip må vi være villige til at – tilgive. Ofte hænger vi fast ved hændelser fra fortiden, fordi vi ikke har tilgivet os selv og andre. Sygdom og u-forklarende smerter skyldes, at vi ikke har tilgivet. Hver gang vi er syge, må vi søge i vores hjerte for at finde ud af, hvem det er, vi ikke har tilgivet. Det menneske, som det er sværest at tilgive, er det menneske, som VI HAR MEST AF ALT BRUG FOR AT TILGIVE. At tilgive er at give slip. Vi behøver ikke at vide, hvordan vi skal tilgive. Det er kun nødvendigt, at vi er villige til at tilgive. Universet skal nok tage sig af hvordan.

At give slip fysisk

*   Skrig i bilen eller hjemme i stuen, så højt som du kan med alle vinduer lukket

*   Skrig ned i en pude, kast puden eller tæv, spark til puden

*   Spil tennis eller andet, hvor du slår til en bold

*   Gå eller løb en lang tur

Vær sikker på, at hverken du eller andre kommer til skade, men find på alt hvad der kan få dine indeklemte vrede ud. Smerte kan skyldes indeklemt vrede: Slå ned i din pude eller dyne flere gange, og se om du kan finde ud af, hvorfor du er vred.

Øvelse: Vilje til at give slip på behovet

Tænk på noget i dit liv, som du ønsker at ændre. Stil dig foran et spejl, og se dig selv i øjnene og sig højt:

*   Jeg er villig til at give slip på behovet for: _____

Nøglen er viljen til at give slip på det gamle mønster. – Det er hemmeligheden.

Eksempel: Jeg er villig til at give slip på behovet for at være værdiløs. Jeg fortjener det bedste i livet, og jeg tillader nu mig selv at modtage det.

Affirmationer for tilgivelse og at give slip

Sig din affirmation/bekræftelse gentagende indtil du tror på den, så giver du slip på den.

*   Jeg giver slip på negativitet

*   Jo mere vrede og bitterhed jeg giver slip på, jo mere kærlighed har jeg at udtrykke

*   Det er nemmere for mig at tilgive, end jeg troede

*   Når jeg tilgiver, føler jeg mig let og fri

*   Jeg tilgiver dig, fordi du ikke var den person, som du udgav dig for

*   Jeg tilgiver dig og sætter dig fri

*   Jeg er fuldstændig villig til at tilgive mig selv og andre

*   Fortiden har ingen magt over mig, fordi jeg er villig til at lære og forandre mig

*   Jeg ser nu fortiden, som nødvendig for at føre mig derhen, hvor jeg er i dag

*   Jeg er villig til at sætte mig selv fri, jeg er fri!

Øvelse: Tilgivelse

Læg papir og pen foran dig. Sæt dig i en afslappet stilling, og tag en dyb indånding. Når du ånder ud, så lad alle spændinger forlade din krop. Sig til dig selv: "Jeg er villig til at tilgive, jeg tilgiver, jeg tilgiver... sid så længe du har behov for med lukkede øjne, fokuser på dit åndedræt. Når du er klar så åbn øjnene. Tag pennen og skriv: "Jeg, (dit navn) tilgiver hermed... " Nedskriv så alle de navne på mennesker, som du har behov for at tilgive.

Prøv ikke på at forcere navne frem, måske har du behov for at lave øvelsen flere gange.

Selvdisciplin (At give slip, at tage beslutninger)

At 'give slip' er ikke så fremmed for os, vi gør det, hver aften når vi falder i søvn. Hvis du ikke kan give slip, kan du ikke falde i søvn. Men det er ikke muligt at tvinge sig selv til at sove. Man kan kun skabe de rette omstændigheder for søvn, og så kommer søvnen af sig selv.

Mange har oplevet ikke at kunne slukke for tankestrømmen når vi går i seng. – Det er en af de første tegn på STRESS. – Hvis vi forsøger at tvinge os selv til søvn, bliver det kun være. Hver gang vi ånder ud, giver vi slip.

Mange gange bærer vi rundt på mange års følelsesmæssige smerte uden at vide, at vi kan GIVE SLIP.

Tid til træning

- Giv dig tid til stilhed eller meditation hver dag

- Skriv affirmationer/bekræftelser

- Vær opmærksom på dine tanker og følelser

- Acceptere fortiden og tingene som de er

- Tilgiv og giv slip på fortiden

- Vær god ved dig selv

- Elsk dig selv – Accepter dig selv – Tilgiv dig selv!

"Meditation is not a way of making your mind quiet. It's a way of entering into the quiet that's already there."

– Deepak Chopra

MEDITATIONER OG MINDFUL YOGA

Meditation har sin oprindelse i mange forskellige religiøse traditioner. Yoga er måske den bedst kendte meditative teknik, der stammer fra hinduismen. Alle former for meditation har det fælles mål at opnå en tilstand uden tanker – centrering – som kan opnås gennem en række forskellige midler. Et mantra har den effekt at kontrollere åndedrætsmønstret. Mantraet "Om" stammer fra Sanskrit, og bliver brugt overalt i verden. Videnskaben har vist at afslapning af sindet har en helbredende virkning på kroppen, der hjælper folk med at reducere stress og dermed forebygge sygdom.

Lys meditation

En speciel type meditation indebærer at se på et brændende stearinlys. Sid i et halvmørkt værelse og fokuser på flammen.

*   Sid i en behagelig stilling og slap af i kroppen. Stir dybt og koncentrer på flammen foran dig.

*   Slap af og træk vejret blødt og langsomt gennem næsen. Tænk ikke på noget i nogle minutter, men fokuser på åndedrættet.

*   Giv dine tanker tid til at vandre fredfyldt. Velkommen enhver ny tanke, som en god ven, men dvæl ikke. Lysflammen vil give dig lov til at glemme dagens problemer, og føle mindre spændinger i kroppen og større mental fatning.

Lysmeditation er god til at slappe af i krop og sind inden sengetid.

Basismeditationer – Simpelt er godt

Brug gerne stopur eller anden timer til at holde tiden, så du ikke behøver at holde øje. Du kan også prøve med stille baggrundsmusik, hvor du på forhånd ved, hvornår der er gået den tid du vil meditere.

Basis øvelse – Opmærksomhed på åndedrættet

- Find et sted, hvor du kan sidde uforstyrret

- Sid med rank ryg, løftet hoved og lukkede øjne

- Bemærk dit åndedræt. Træk vejret gennem næsen og observer henholdsvis indånding og udånding (prøv ikke at forcere det til at blive roligere). Bemærk blot åndedrættet ved at bringe din opmærksomhed til næsen og følg åndedrættet

- Bemærk hvordan din vejrtrækning bliver længere og dybere

- Sæt på forhånd 10-20 minutter af til øvelsen

- Kom langsomt ud af din meditation, og bemærk effekten i din krop og dit sind

Fokus på hænder og fødder

- Find et sted, hvor du kan sidde uforstyrret

- Sid med rank ryg, løftet hoved og lukkede øjne

- Bring din opmærksomhed først til dine hænder, derefter dine fødder

- Hvis du ikke kan mærke dine hænder eller fødder, gør det ikke noget, bare lad opmærksomhed gå til dine hænder og fødder og forestil dig, at du mærker dem

- Sæt på forhånd 10-20 minutter af til øvelsen

- Kom langsomt ud af din meditation, og bemærk effekten i din krop og dit sind

- Find et sted, hvor du kan sidde uforstyrret

- Sid med rank ryg, løftet hoved og lukkede øjne

- Bemærk dit åndedræt

- Start med at tælle på en udånding og fortsæt med at tælle til 5 eller 10 (hvad der er bedst for dig). Så starter du forfra. En tælling pr. udånding

- Hvis du glemmer hvilket tal du er kommet til, starter du forfra

- Sæt på forhånd 5-10 minutter af til øvelsen

- Kom langsomt ud af din meditation, og bemærk effekten i din krop og dit sind

Accepter at du måske ikke når, at meditere den dag hele familien kommer på besøg og overnatter.

Accepter at der sammen med det ønske om at meditere regelmæssigt, måske er en form for modvilje i dig.

Pusterummet, 3 minutters meditation:

Trin 1: Opmærksomhed

Uanset hvordan du har det, så begynd med at sætte dig godt til rette og indtag en bevidst værdig og rank kropsstilling. Hvis det følges okay for dig, kan du lukke øjnene og spørge dig selv: Hvad er min oplevelse lige nu? I tankerne? I følelserne? Hvilke kropsfornemmelser er til stede lige nu? Anerkend og accepter din oplevelse, selvom det er en oplevelse, du ikke kan lide, som f.eks. spændinger, bekymringer eller uro.

Trin 2: Saml opmærksomheden

Vend blidt hele din opmærksomhed mod åndedrættet, og følg hver indånding til hver udånding, fra øjeblik til øjeblik. Lad dit åndedræt fungere som et anker for opmærksomhedens kontakt til nuet. Prøv også at lægge mærke til den bølgende bevægelse, der er i bryst og mave, fra indånding til udånding. Bliv ved åndedrættet i mindst fem fulde åndedrag, eller længere, hvis du har mulighed for det.

Trin 3: Udvid opmærksomheden

Lad nu åndedrættet brede sig ud i hele din krop. Hvis det føles okay så brug åndedrættet til at brede opmærksomheden ud, helt nede fra fodsålerne, tæerne, op gennem benene, hofterne, og op igennem din krop. Fortsæt med åndedrættet ud i armene og helt ud i fingerspidserne. Udvid derefter åndedrættet videre op gennem halsen til hovedet. Inkluder alle kropsfornemmelser, kropsholdningen og ansigt udtrykket.

Din opmærksomhedsindstilling er venlig og åben, registrer nysgerrigt det, som er, uanset om det opleves behageligt eller ubehageligt. Du kan understøtte dette ved at sige til dig selv (i dit indre): Det er der alligevel, så lad mig mærke det, præcis som det er lige nu.

Meditationer

Begynd din meditation med at fokusere på dit åndedræt. Følg åndedrættets bevægelser ind og ud af din krop. Ånd ind i kroppen, og føl hvordan din mave udvider og trækker sig sammen med hver indånding og udånding.

Få en anden person til at læse følgende meditationer op, hvorefter du gentager dem for dit indre. Eller sid i en behagelig stilling med noget afslappet musik i baggrunden, og læs op for dig selv.

Meditation: Affirmationer for selvværd og selvkærlighed

- Start med vejrtrækningen: Sid i en behagelig stilling, tag nogle dybe indåndinger, og læg mærke til pausen mellem hver indånding.

- Gentag i dit stille sind følgende affirmationer:

- Jeg respekter hvem jeg er

- Jeg er, min naturlige skønhed

- Jeg giver slip på negativitet

- Jeg fylder mit sind med positive tanker

- Jeg tiltrækker så megen skønhed til mit liv

- Jeg elsker mig selv, som jeg er

- Jeg kan lide den person, som jeg er ved at blive

- Jeg elsker alt ved min krop

- Jeg tænker positivt om mig selv og andre

- Jeg kan lide den person, som jeg ser i spejlet

- Jeg har indre power til at overkomme alt negativt om mig selv

- Jeg er i perfekt sundhed

- Jeg er glad og lykkelig for mit liv

- Jeg er succesfuld

- Jeg er ærlig

- Jeg er i balance

- Jeg er smuk

- Jeg er fuld af energi

- Jeg er elsket

- Jeg er styrke

- Jeg er overflod

- Jeg er glad, lykkelig og fri

Efter nogle gange med affirmationsmeditationen kan du sidde med lukkede øjne og sige: "Jeg er" og affirmationen der passer, til dig vil helt automatisk komme til dig.

Taknemmeligheds Meditation

- Sid i en behagelig stilling med ret ryg – tag 3 dybe indåndinger – tillad din krop at slappe mere og mere af ved hver udånding.

- Giv slip på alt vrede, kritik, skyldfølelse, angst og bekymringer.

- Indånd din parathed til forandring.

- Udånd alt modstand.

- Tænk nu på, hvad du er taknemmelig for i dette øjeblik.

- Mærk hvad du føler.

- Tænk nu på en person, en oplevelse, eller mulighed, som du er taknemmelig for.

- Lad følelsen gennemstrømme din krop.

- Vær taknemmelig for SOLEN – den varme og energi den bringer.

- Tænk på en smuk solopgang eller solnedgang, som du har set/ oplevet – se solen for dig.

- Vær taknemmelig for vand, at vi har adgang til rent rindende vand hver dag, og hvad det betyder for os, at drikke rent vand, madlavning, bad, vande blomster og afgrøder o.a.

- Vær taknemmelig for din krop.

- Oplever du smerter, så giv dig tid til at slappe af, og tage dig af dig selv. – Giv kærlighed til din krop og dig selv – netop på det sted, hvor smerten er i krop og sind.

- Tænk på hvad du er taknemmelig for i kroppen. – Armene, som du kan bruge til forskellige gøremål, skuldrene, dine ben, som bærer din krop, maven der fordøjer din mad…

- Tænk på en person, som du holder af…

- Tænk nu på fremtiden, din sundhed, relationer, en specifik oplevelse, din passion, rejse, hjem eller andet – hvordan vil det føles – Bring det ind til nuet – Hvem er der: Børn, børnebørn, ægtefælde, familie, venner.

- Vær taknemmelig for dette øjeblik, i dag!

- Sid et øjeblik og fokuser på dit åndedræt.

- Tag 3 dybe indåndinger og åbn øjnene når du er klar.

Affirmationsmeditation for kroppens sundhed

- Tag tre dybe indåndinger ...

- Giv dig selv lov til at slappe mere og mere af i kroppen for hver udånding

- Indånd din parathed til forandring - Udånd alt modstand

- Lyt til dit åndedræt

- Gentag i dit indre følgende affirmationer

- Jeg lytter med kærlighed til min krops signaler

- Jeg ved at min krop er min gode ven

- Jeg lytter til det, som min krop fortæller mig

- Jeg ved, at de råd min krop giver mig er rigtige

- Jeg vælger at være sund, rask og frisk

- Jeg er fuldstændig rask og smertefri

- Min krop er perfekt

- Jeg elsker alt ved min krop ... Hår, næse, øjne ...

- Jeg er min egen personlighed

- Jeg er fyldt med kærlighed og hengivenhed

- Jeg elsker mig selv

- Jeg udstråler sundhed og vitalitet!

- Åbn øjnene når du er klar ...

- Tag en dyb indånding, giv slip på spændinger i kroppen for hver udånding

- Indånd din parathed til forandring

- Udånd enhver modstand

- Lyt til dit åndedræt

- Giv slip på tanker og forventninger

- Sig til dig selv: "Jeg er villig til at give slip. Jeg giver slip. Jeg giver slip."

- Jeg giver slip på alle spændinger

- Jeg giver slip på angst og bekymring

- Jeg giver slip på vrede

- Jeg giver slip på skyldfølelse

- Jeg giver slip på sorg

- Jeg giver slip på fortidens skygge

- Jeg giver slip på gamle begrænsninger

- Jeg giver slip på kritiske og dømmende tanker

- Jeg giver slip og jeg er i fred med mig selv

- Jeg er i fred med selve livsprocessen

- Jeg er tryg!

- Kom tilbage til dit åndedræt og bekræft, at denne meditation vil bringe harmoni og balance til dit liv!

- Åbn øjnene når du er klar …

- Tag nogle dybe indåndinger

- Fokuser på åndedrættet og mærk luften, som kommer ind i din krop

- Giv dig selv lov til at slappe mere og mere af i kroppen for hver udånding

- Gentag nu følgende positive overbevisninger i dit indre:

- Jeg er værdsat

- Jeg er, som jeg er

- Jeg er nok

- Jeg er perfekt

- Jeg er en god og kærlig datter/søn

- Min forælder gør/gjorde, hvad de kan/kunne

- Kvinder er stærke og kloge

- Jeg kunne ikke være der, jeg tilgiver mig selv

- Jeg er okay – Jeg accepterer, hvor jeg er nu

- Jeg får det bedste ud af tilværelsen

- Jeg tilgiver fortiden, og mig selv

- Jeg er taknemmelig

- Jeg er omsorgsfuld

- Jeg er værdig

- Jeg er kærlig

- Jeg ER mig selv!

Start med tre dybe indåndinger, og find det sted hvor du bedst mærker dit åndedræt.

- Omfavn nu dig selv med kærlige og venlige følelser.

- Måske kan du sige til dig selv: "Må jeg være fri for smerter i krop og sind" – vælg selv andre ord –

- "Må jeg være fyldt med glæde og føle venlig og kærlig omsorg mod mig selv."

- Tænk nu på en person, som du holder meget af eller en person, som har været god, mod dig.

- Prøv at se personen for dit indre øje – tænk på personen – og mærk i din egen krop, og i dit hjerte, hvordan det føles mens du siger:

- Må vedkommende (navn) være i sikkerhed.

- Må (navn) være glad.

- Må (navn) være sund og rask.

- Må (navn) være fri for indre og ydre smerte eller sorg.

- Brug andre ord, som passer vedkommende.

- Tænk nu på en anden person, som du har det svært med – en konflikt eller andet.

- Ønsk nu venlige følelser mod denne person og giv slip på følelsen af ikke, at kunne lide denne person. Men, se personen som en der lider.

- Tilgiv nu personen fra hjertet og giv slip på denne modstand af dømmende følelser.

- Kom nu tilbage til din egen krop og vejrtrækningen.

- Omfavn dine følelser med varme og kærlighed mod dig selv og andre i dit hjerte.

- Sid stille lidt med dine følelser og tanker…

Mindful Yoga

Yoga er for alle uanset alder eller kropsform. Yoga er holistisk og styrker dig fysisk, psykisk, mentalt og de spirituelle aspekter af dit liv. Yoga åbner op til muligheden for at kontakte det, som du allerede har – til hvem du allerede er.

Følgende er beskrivelse og guide til Mindful Yoga sekvenser.

Stol Yoga

*   Sid midt på stolen, ret ryggen, bare fødder fladt på gulvet, løft og spred tæerne
*   Pres hænder sammen foran i "prayer," dyb indånding
*   Arme over hovedet, tre gange
*   Arme over hovedet, stræk på
*   Hænder foran i "prayer," pres
*   Hoved rul
*   Skulder løft
*   Arme over hoved, tilbage i tvist
*   Tvist til begge sider
*   Løft højre ben op, ret ryggen, hjertet op, gentag med venstre ben
*   Hænder på stol siden, hjertet op
*   Fod løftet, ben stræk, spred tæerne, begge sider
*   For overbøjning, hænder på knæ eller ved fod
*   Pres hænder på knæ, løft hjertet
*   Luk øjnene et øjeblik
*   Bøj forover, rul frem og tilbage, hænder på ben

- Arme over hovedet, hænder tilbage i "prayer,"

- Dybe åndedræt, tre gange

- Bøj hovedet mod hænder

- "Lyset i mig ærer lyset i dig"

- Namesté

Liggende åndedrætsøvelse

- Lig på ryggen med et tæppe eller andet under lænden

- Hænder på hjertet og maven

- Dybe åndedræt, luk øjnene

- Rul nu først om på siden, og derefter

- Om på maven, evt. et lille tæppe under hoved, eller hoved på hænder

- Dybe åndedræt, luk øjnene

- Træk nu langsomt benene op under dig, og

- Stræk tilbage i "child pose" – barnets stilling

- Kom ud af barnets stilling efter nogle åndedræt

- Kom langsomt om på ryggen i "Savasana"

- Tag nogle dybe indåndinger

- Slut af med liggende meditation eller Body Scan

Savasana

- Læg dig på ryggen med armene ned langs siderne og bøjede knæ

- Begynd med at strække et ben ad gangen – hvis du har rygproblemer, skal du holde benene let bøjede, så lænden hele tiden er i kontakt med gulvet

- Stræk ud i nakken, så hagen trækkes ind mod halsen – du kan evt. lægge en lille pude under hovedet

- Vend håndfladerne opad

- Slap af i hele kroppen med tunge arme og ben

- Slap af i skulder, ryg og ansigt

- Luk øjnene og fokuser på dit rolige åndedræt – mærk hvordan maven hæver og sænker sig på ind- og udånding

- Giv mere og mere slip på alle spændinger i kroppen for hver udånding

- Hold en lille pause efter udåndingen, hvor kroppen er helt i ro inden du ånder ind igen

- Efter din meditation eller Body Scan – begynd med at strække finger og andre områder

- Åbn øjnene når du er klar til det

- Rul om på siden inden du sætter dig op

- Saml hænderne foran hjertet

- Bøj hovedet - Namesté

Barnets stilling

- Sæt dig på knæ med ballerne på hælene og armene ned langs siderne (placer evt. en pude på hælene)

- Se lige frem og bøj langsomt forover

- Hold ryggen rank og hovedet i lige linje med rygsøjlen

- Panden ned mod gulvet, benyt evt. en lille pude

- Armene ud for fødderne

- Lig i stillingen så længe du kan

Katten

- Begynd på alle fire og slap af

- Hænder og knæ er placeret direkte under skulder og hofter

- Vend hænderne fremad og spred fingrene lidt

- Rank ryg og nakke i lige linje med rygsøjlen, så du ser ned i gulvet

- Slap af i maven, svaj i ryggen og løft hovedet bagud på en indånding

- Skyd ryg under udåndingen og lad hovedet hænge ned mellem armene

- Fortsæt denne op- og nedadgående bevægelse i ryggen i takt med dit åndedræt

- Sørg for at bevægelserne og åndedrættet er så langsom som muligt

Katten styrker ryggen og afspænder musklerne. Øger fleksibiliteten i rygsøjlen samt forbedrer fordøjelsessystemet. Katten kan afhjælpe gigt og led betændelse. Desuden af hjælpe hovedpine spændinger.

Hund – hoved ned

- Stå som i katten på alle fire og spred fingrene

- Bevæg rygsøjlen opad under udåndingen og sæt tæerne i gulvet

- Ånd ind og løft hofterne så højt op som muligt, mens du løfter knæene fra gulvet

- Stræk langsomt ud i benene

- Ånd ud, mens du står på tæer og strækker ud i armene

- Sænk langsomt hælene ned i gulvet

- Hold ryggen så udstrakt som muligt med hovedet mellem armene

- Kan du ikke strække benene helt ud, så er det ok med let bøjede ben

- Stå i stillingen i nogle åndedræt, så længe du kan

- Kom tilbage på alle fire

- Sæt dig tilbage med ballerne på hælene og hænderne ned langs siden … Tag nogle rolige åndedræt

Træet

- Stå med let adskilte ben og samlede håndflader foran hjertet

- Læg vægten på højre ben

- Placer venstre fod mod indersiden af højre ben/lår, så højt oppe som muligt

- Sørg for at venstre knæ peger så langt ud til siden som muligt

- Træk vejret roligt

- Stræk de samlede hænder op over hovedet

- Hold stillingen i nogle åndedræt

- Ånd ud, mens du går tilbage ud af stillingen

- Gentag til modsatte side

Træet afspænder benmusklerne og forbedrer fleksibilitet i led, specielt ankler, knæ og skulder. Strækker rygmusklerne og åbner brystet. Forbedrer balance og koncentration. Stillingen er ligeledes god for forstoppelse og angst symptomer.

Hoved til fod

- Stå med let adskilte ben

- Bøj forover, men du ånder ud

- Lad armene hænge løst

- Hold stillingen og slap af

- Bøj knæene let og rul opad – en ryghvirvel ad gangen, mens du slapper af i hovedet

- Vend langsomt tilbage til opretstående stilling

Hoved til fod er god for skulderspændinger og udstrækker rygsøjlen. Desuden bliver nyrerne aktiveret og fordøjelsessystemet masseret. Afhjælper på frygt.

Mindful yoga

- Saml hænderne i "prayer" foran hjertet

- Tag nogle dybe indåndinger med lukkede øjne

- Fortsæt med rensende åndedræt, mens du strækker armene op over hovedet

- Ved tredje åndedræt bliver armene strakt over hovedet

- Stræk armene ud fra side til side

- Sænk armene ned langs siderne på kroppen

- Stræk igen armene op over hovedet

- Sidebøjninger med strakte arme

- Sænk armene ned langs siderne af kroppen

- Løft skulderne op til ørene nogle gange

- Rul hovedet, frem, siden, bagud, side med let åben mund

- Mærk efter i kroppen ved hver strækning

- Husk at mindful yoga udføres hver strækning i langsom bevægelse

- Tvist armene fra side til side, så langt at du kan række

- Løft armene til skulderhøjde og præs udad

- Præs hænderne sammen foran hjertet

- Stræk armene over hovedet, fold hænderne og vend håndflader opad, mens du strækker

- Sænk armene og fold forover

- Slap af i kroppen og lad armen dingle

- Sæt hænderne på knæene og se frem

- Fold forover og slap af

- Bøj knæene let og saml hænderne foran hjertet (Hjertes stol)

- Fold forover og slap af

- Skridt tilbage til hundepose

- Bøj evt. benene og kom op på tå

- Stræk armene med hoved mellem armene

- Halebenet strakt opad

- Ned på knæ, på alle fire

- Fald tilbage i barnets stilling

- Slap af og tag nogle dybe indåndinger

- Tilbage på alle fire

- Rul frem og tilbage i hund og kat

- Stræk benene tilbage i hundepose

- Gå eller hop frem til hænderne

- Hænder over hovedet og tilbage til "prayer"

- Slap af i kroppen og tag nogle dybe indåndinger

- Træet: Sæt foden på det andet ben, hvor du kan

- Find balance og stræk de samlede hænder over hovedet

- Tilbage og udfør stillingen til den anden side

- Stræk armene ud til siderne, find balancen og løft ben fra side til side

- Hænder sammen i "prayer"

- Bøj ned i knæ og pres albuerne mod indersiderne af benene

- Kom ned i siddende stilling og stræk benene

- Bøj fremover så langt du kan

- Kom tilbage til siddende stilling og rul ned på ryggen

- Bøj det ene ben og stræk op, skift side

- Bøj benene og stræk armene ud til siden

- Tvist til hver side

- Skulder i gulvet, bøj benene og løft halen

- Kom tilbage i savasana, bemærk dit åndedræt og slap af i kroppen

- Luk øjnene og lig stille et øjeblik

- Gentag evt. Mantraet "Aham Prema," som betyder "I am love," "Jeg er kærlighed"

- Åbn øjnene når du er klar og rul om på siden og op i siddende stilling

- Hænder i "prayer"

- Naméste – Lyset i mig ærer lyset i dig!

MIN HISTORIE

At tilgive kom naturligt for mig uden at tænke videre over, hvor meget tilgivelse betyder. Men, der skulle gå mange år inden jeg kunne acceptere alle beskyldninger og konsekvenserne deraf i forbindelse med min skilsmisse. Helt nøjagtig gik der 14 år inden jeg kunne acceptere, at sådan var det og give slip. Det var efter, at jeg kom over depression og kronisk stress december 2011. Månederne efter mærkede jeg en lettelse i krop og sind. En tidlig forårsdag efter at jeg havde siddet i meditation og stilhed, skrev jeg digtet accept for at give fuldstændig slip på de smertefulde år.

Efterfølgende lever jeg mere i nuet og er blevet mere opmærksom på hvad der foregår omkring mig. Det har bevirket, at jeg har trukket mig fra familien, flyttet til Sjælland og jeg har fået det meget bedre. Der har været familieuenigheder, som har forvoldt følelsesmæssig smerte. På det tidspunkt, hvor jeg også var "husvild" mærkede jeg igen stress i mit liv. Jeg vidste, at jeg måtte gøre noget, men ikke rigtig hvad. Så skrev jeg: "Jeg tilgiver jer, kære søstre," og satte sedlen op på væggen. Hver gang jeg så på sedlen gentog jeg: "Jeg tilgiver jer." Kort tid efter kom der en løsning. Hele sagen har bevirket, at mine søstre skrev, at de og deres børn ikke vil have nogen kontakt med mig mere.

Nu er det jo sådan, at bliver en dør lukket, så er der en anden, som åbner sig. Jeg har fået kontakt med min storebror på min fars side, og vi bor nu i nærheden af hinanden.

Kontakten til mine børn er ligeledes vokset. Der er mere nærvær, når vi er sammen fysisk i Californien eller Danmark, og hver uge giver vi os tid til hinanden med lange telefonsamtaler eller FaceTime.

Vi vælger ikke selv vores familier og livets udfordringer, men vi kan have venner, som vi selv vælger at være familie. Når livets udfordringer banker på døren, så er det vigtigt at tilgive, selvom det kan være svært, når man er i situationen. Accepter udfordringen, den er der og kan ikke ændres, lev i nuet og giv så slip.

LEV-VEL
7

"Living in the moment means letting go of the past and waiting for the future. It means living your life consciously, aware that each moment you breathe is a gift."

– Oprah Winfrey

ELSK DIG SELV – ELSK DIT LIV

At skrive dette sidste kapitel har jeg spekuleret på længe, for hvad vil det egentlig sige at leve vel. At leve vel for dig, kære læsere er måske ikke det samme som det er for mig. For mig at leve vel er, at jeg har overvundet mit livs største udfordringer efter en langvarig skilsmisse med fysiske og følelsesmæssige smerter til følge.

Jeg er evigt taknemmelig over, at jeg valgte at kæmpe og ikke opgive den dag i marts 1998, hvor min krop og sind var i så stor smerte, at jeg gik i seng og ikke ønskede at vågne op igen. Mange gange de første år efter skilsmissen, har tanken strejfet mig, at hvis jeg vidste, hvad jeg skulle gennemgå af udfordringer, så havde jeg ikke forladt min eksmand, men udholdt den psykiske vold. Min søn og andre har senere sagt til mig, at det var godt at jeg tog skridtet, ellers var det blevet værre. Det har de så evigt ret i nu hvor jeg i dag har større kendskab til, hvad psykisk vold er og hvordan det vedvarende og eskalerende mønster udvikler sig.

Kærlighed var min drivkraft. Først og fremmest kærlighed til mine to børn. Trods til tider længere varende adskilles, gør jeg alt for at være en kærlig mor og nærvær når vi er sammen. Sådan er det stadig i dag, hvor jeg hovedsagelig opholder mig i Danmark og børnene i Californien. Efter, at jeg overvandt de mangeårige tilbagevendende depressioner, har jeg lært at vise ubetinget kærlighed til mig selv, som igen giver mig en indre ro. At leve i nuet, øjeblik efter øjeblik så falmer de daglige bekymringer og udfordringer, har jeg erfaret. Jeg kan fra hjertet sige, at jeg elsker mig selv og elsker mit liv …

Vær taknemmelig, elsk dig selv, så du kan elske andre, elsk dit liv og den verden vi lever i!

Elsk dit liv...

Vi kan ikke lytte til
hvad andre mener,
at vi skal gøre.
Vi må lytte til os selv.
Samfundet, familien, venner, samlever,
ved ikke hvad vi skal gøre.
Kun vi ved og kun vi kan gøre
hvad der er rigtig for os selv.

Så start lige nu...
Du må arbejde hårdt...
Du må overvinde mange forhindringer...
Du må gå mod den bedre mening fra mange
mennesker, og du må gå udenom deres fordomme.
For... du kan have alt hvad du ønsker,
hvis du prøver hårdt nok.
Og, du vil leve et liv kreeret af dig, til dig.
Og, du vil elske dit liv...

Susan Polis Schulz

Oversættelse

Merethe M. Shenon

DET SIGER KURSISTERNE

Merethe og jeg arbejdede dør om dør, da jeg først hørte om hendes arbejdsmetoder. Jeg så hendes elever møde op fyldt med smerte på liv og sjæl. Jeg så hendes elever gå derfra med glæde og lethed.

Senere blev jeg fyret, og følte mig presset på flere fronter. Jeg fik mulighed for at deltage i en lille gruppe over hele sommeren, hvor jeg lærte rigtig meget om mig selv gennem Merethes værktøjer. Jeg må indrømme at jeg deltog med en meget lille tro på det hun sagde i begyndelsen! Da jeg opdagede hvor meget de enkelte afsnit rykkede i mig, blev jeg for alvor overbevist. Så meget at jeg tog hele forløbet en gang til! Der er teknikker jeg bruger dagligt. Nogle ligger på det bevidste plan. Andre er blevet en naturlig del af mit liv.

Materialet der nu foreligger i bog form kan jeg kun anbefale. Jeg bruger det stadigvæk som opslagsværk. Jeg er meget taknemmelig over at kende dig Merethe, og for alt hvad jeg har lært af dig.

Lisbeth Kuhr Nielsen

Kære Merethe, det har været til stor hjælp for mig at gå på dit kursus og rense mit liv for forkerte mennesker og være i fred i mit hjem. Jeg er taknemmelig hver dag for alt hvad jeg har, og jeg kan se at der kommer forandringer i mit liv lige nu. Før, jeg startede på kurset, havde jeg det ikke så godt, men jeg mærker at jeg nu er et mere glad og positivt menneske. Mange tak!

Caroline Nielsen

Tak Merethe, jeg tænker hver dag på alt det, som jeg har lært, det vil jeg aldrig glemme. Du har ændret mit liv! Hver dag arbejder jeg med at tænke positivt og det hjælper mig meget. Jeg visualiserer, og der sker gode ting.

Clara Maria Marques

I starten troede jeg ikke på noget, fordi jeg kun troede på medicin, operationer og fysioterapi. Efter to møder begyndte jeg at slappe mere af med mine smerter og det gik bedre fremefter. Jeg er mindre stresset og stoler på mig selv, og jeg ser lyst på fremtiden. Naturligvis er smerterne der stadig, men jeg har lært at fordele mine kræfter og blive mere sikker, og ser anderledes på tingene. Jeg har lært meget med øvelserne, så jeg kan holde smerterne ud, og har lært at styre mine tanker. Jeg stopper ikke, jeg fortsætter.

Ljudmila Burlak

Jeg kan med stor glæde anbefale denne bog. Som kursist hos Merethe har jeg lært en stor del, af det som bogen indeholder af Merethe selv. Hendes coaching har ændret ikke kun mit liv, men også min mands. De mange spændende øvelser, bliver også brugt af min mand, fordi Merethe har gjort det let og lige til at forstå, så det er en "win-win" situation for ham og mig.

Merethes L.O.V.E. principper er nemme og geniale, derfor er det helt sikkert noget, som jeg vil tage med mig resten af livet. Fordi jeg vil fortsætte med at få det bedste ud af mit liv …

Derfor er jeg glad for at Merethe har samlet det hele i en bog. Så ved jeg lige hvordan jeg bedst hjælper mig selv, ved at slå op i bogen. Lige fra det indre, til det fysiske og handlinger der bare gør mig så glad i det daglige. Og noget af det vigtigste Merethe har lært mig, er metoder til hvordan jeg minimere stress helt, så jeg bevarer fokus og ro og får meget mere ud af min daglig dag. Og især har jeg lært at tackle sygdom på en positiv måde.

Af hele mit hjerte, tak Merethe.

Tine Søholt

INSPIRATIONS KILDER

MENTORER

- Amanda Toke, Facebook gruppe, Webinar
- Brendon Burchard, Podcast, Webinar
- David Wolfe, Facebook, Film
- Deepak Chopra, Bøger, Webinar
- Eckhart Tolle, Bøger, Podcast
- Jack Canfield, Webinar
- James Colquhoun, FMTV, Facebook gruppe
- Jon Kabat-Zinn, Bøger
- Jason Vale, Bog, Film
- Louise L. Hay, Bøger, Film, Webinar
- Mary Morrissey, Workshop, Webinar
- Nick Ortner, Film, Webinar
- Oprah Winfield, Podcast, Ophra & Deepak Meditation
- Wayne Dyer, Bøger, CD, Film

LITTERATUR

Hay, Louise L. You can heal your life. Hay House, Inc., 2008

Jeffers, Susan. Feel the fear and do it anyway. New York: Ballantine Books, Random House, Inc., 1987.

Kabat-Zinn, Jon. Arriving at your own Door. New York: Hyperion, 2007.

Kabat-Zinn, Jon. Full Catastrophe Living. New York: Delta Books, Random House, Inc., 1990.

EFTERSKRIFT

Bogen her, var så godt som klar til udgivelse, da min mor får en hjerneblødning og bliver indlagt. Hun var klar over, at jeg var ved at skrive en bog, og hun har flere gange sagt, at den bog vil hun gerne læse. Sådan skulle det ikke være, efter to uger på hospital får min mor endnu en hjerneblødning og den slukker lyset i hendes fysiske krop. I perioden fra min mor bliver indlagt til bisættelsen, skriver jeg digtet *Min Mor*. Min mor var en del af min proces til at overvinde livets udfordringer, derfor har jeg valgt at digtet skal med her i bogen til minde om min mor *Ruth Solvejg Simonsen*.

Min Mor

Min mor – Du gav mig livet, det liv som jeg skønner på.

I starten var det bare du og jeg, så mødte du Bent og han blev min far.

Jeg kan svagt mindes, at jeg sad imellem ham og dig på motorcykel.

I blev gift, vi flyttede i hus, og jeg fik søskende. Først en pige, så endnu en pige.

Vi var en tid tre piger – tre prinsesser, fint klædt i ens kjoler, som du syede.

Så kom efternøleren, endnu en pige. Det var vist ikke, hvad du havde håbet på, så meget som du strikkede i lyseblåt.

Men, far sagde: "Drengene skal nok kom en dag," og han fik ret.

Først svigersønner, senere børnebørn, de fleste drenge.

Min mor – Du var et kompliceret menneske, helt din egen.

Det var i teenageråerne, at jeg først bemærkede noget ''anderledes.''

Du ville hellere være veninde end mor for mig.

Ja, sådan var det måske også for mine søstre, men det taler man jo ikke om.

Jeg ville flytte til København, det syntes du ikke om. ''København har ikke gjort os noget godt'' gentog du, hvorfor ved jeg ikke.

Jeg ville ud i verden og finde mig selv, hvem jeg er og mine værdier.

Du græd altid, når jeg rejste uanset, hvor eller hvor langt jeg skulle.

Far sagde en dag til mig: ''Du skal ikke være så ked af det; når du er væk, er tårerne forsvundet, og mor har det godt igen.''

Min mor – Du har fra første dag jeg flyttede hjemmefra forsøgt at få mig ''hjem'' til dig igen.

I København mødte jeg Anita, min bedste veninde, det er hun stadig, gensidig – ''sisterhood.''

Anita flyttede hjem til Californien og inviterede mig til at komme på besøg.

Jeg rejste glad til Californien, men du var ikke glad for min beslutning, rejse så langt væk.

I Californien mødte jeg min nu eksmand og besluttede at blive ...

Du blev lettet over at jeg havde valgt en dansker,

så kom vi jo nok hjem en dag.

Mit valg blev min skæbne, men jeg tiltrak jo det, som jeg kendte fra dig, og måske også din mor, mormor.

Nu, var tiden til at finde mig selv, hvem er jeg og mine værdier?

Min mor – Du og far besøgte os fire i Californien.

Første gang gav vi, din flybillet så I kunne se børnebørnene, Christian og Isabella.

Det var en stor oplevelse for dig og far. I nød hvert minut, I var glade, det bekræfter billederne af jer.

Kort tid efter jeres besøg blev jeg skilt. Det forstod du ikke, du og han kunne jo godt sammen …

Skilsmissen blev langvarigt og opslidende. Retssag efter retssag, løgne efter løgne …

Du kendte til mange af handlingerne, men det taler man jo ikke om.

Du fik børnene og mig til Danmark på ferie, men så gik det rigtig galt.

Jeg blev beskyldt for kidnapning af børnene. Børnene kom tilbage til Californien. Jeg måtte blive i Danmark dybt nedtrykt og fortvivlet over adskillelsen fra mine små børn.

Min mor – Du og andre var imod min beslutning om at tage tilbage til Californien.

Med Den Danske Ambassades hjælp kunne jeg

igen komme "hjem" til mine børn.

Årene gik med mange udfordringer, fysiske såvel som psykisk.

Børnene og jeg måtte ikke tage til Danmark på besøg.

Du besluttede derfor, at du og far kom og besøgte os i Californien.

Vi havde det rigtig godt sammen den måned, trods småt med pladsen.

Time på time spillede vi "Matador," Christian og Morfar fandt det perfekte samspil med at "bygge huse."

For børnene blev det den bedste jul, som de kan mindes i dag.

Min mor – For dig var det ikke nok, at du og far havde besøgt os i Californien.

Du besluttede og inviterede os, børnene og jeg til Danmark en sommer.

Jeg fik rettens godkendelse og vi rejste glade på ferie.

Tilbage i Californien igen svækkes mit helbred år for år.

De tilbagevendende depressioner blev for hvert år uovervindelige.

Jeg havde brug for hjælp og støtte i min ensomhed, så jeg tog den svære beslutning at tage til Danmark for en periode.

Du blev glad, jeg kom hjem, dog først til

København.

For dig var det ikke nok, så jeg flyttede til Jylland og du blev glad.

Min mor – Du og jeg har efter at jeg kom til Danmark været på flere rejser sammen.

Til mine børns graduations tilbød du at betale min flybillet, på betingelsen at du kom med.

Både børnene og jeg var taknemmelige og glade over, at også du var med til at fejre deres graduations.

Den mening delte mine søstre ikke, de ville have tilsvarende, så de fik en check.

Men det taler man jo ikke om.

Din sidste rejse til Californien var i forbindelse med Christians afgangseksamen. Det var en stor oplevelse for dig.

Vi kørte alle fire fra L.A. til San Francisco for at du kunne gense, hvor du først var sammen med far.

I din dagbog skriver du " En dejlig ferie, masser af oplevelser, en skøn tur."

Min mor – Vi har været på flere korte oplevelsesture til Tyskland og i Danmark, alene og sammen med mine børn.

Det har ikke altid været let at have dig med på rejse og være sammen i flere dage.

Du havde jo dine "humørsvingninger," som vi

kaldet "det."

Du elskede solen og varmen og havde et brændende ønske om at opleve sydens sol, som de andre, der sendte postkort derfra.

En sensommerdag ringede du glad. Du havde været i banken, så nu kunne jeg godt bestille en rejse til sydens sol.

Jeg blev overrasket og lidt tilbageholdende, jeg kendte jo til mine søstres indstilling.

Men, de kunne jo selv have taget dig med på ferie.

Efter en kort overvejelse, rejste vi til sydens sol.

Min mor – Du og jeg rejste glade til Mallorca og sydens sol.

Den uge levede du, ungdommens kådhed og letsindighed blomstrede.

Vi mødtes med mine venner og du nød samværet, de mange oplevelser, poolen, sandet og stranden.

Den sidste linje i din feriedagbog skriver du: "Vi har haft en dejlig ferie på Mallorca," og tegnet en gul sol.

Kort tid efter hjemkomsten modtog jeg mail. Mine søstre og deres familier ville ikke se mig mere.

Du havde svært ved at forstå mine søstre. Du måtte ikke bruge af dine egne midler, som du ønskede.

Mine søstre forstod ikke, hvad det vil sige at blive

alene, de havde jo deres store familier.

Du så frem til vores søndagsmiddage. Du savnede far at tale med, og jeg savnede mine børn.

Min mor – At jeg skulle, i egen terapi forstod du ikke, hvad talte vi mon om?

Terapien lærte mig at forstå og acceptere, at kærlighed kan gives på mange måder.

Kan man ikke give følelsesmæssig kærlighed, så kan man i stedet give hvad man har.

Du og jeg har gensidigt givet hinanden, hvad vi havde brug for, specielt i dine sidste år.

Sidste gang jeg besøgte dig gik turen til Henne Strand. Du nød den største is med syltetøj og skum.

Der har altid været et usynligt bånd mellem dig og mig. Det bånd er nu blevet brudt. Båndet har til tider været meget belastende med besværet familieforhold for mig.

Jeg rejste ud i verden. Jeg ved nu hvem jeg er og mine værdier. Processen har været langvarigt.

Du har været, er og bliver for evig tid – Min Mor.

Juli 2020

Merethe M. Shenon

181